REVUE INDIGÈNE

LES
AFFAIRES DE TURQUIE

ET LA

LEÇON COLONIALE
DES BALKANS

PAR

PAUL BOURDARIE

Extrait de la « REVUE INDIGÈNE »
(Numéros de novembre, décembre 1912, janvier, avril, mai 1913)

« La liberté est le tout de l'homme ;
sans elle, il n'est plus qu'un esclave et
un tyran, c'est-à-dire, dans l'un
comme dans l'autre, un être avili
et dégradé »

FÉNELON

Aux bureaux de la *REVUE INDIGÈNE*
10 bis, rue Mayet

Prix : 2 fr. 50

La Revue Indigène

Organe des Intérêts des Indigènes aux Colonies et Pays de Protectorat

PARAISSANT LE 30 DE CHAQUE MOIS

Directeur : PAUL BOURDARIE

Secrétaire de la Rédaction : ROBERT DOUCET

ABONNEMENTS :

FRANCE, ALGÉRIE, TUNISIE, MAROC | COLONIES ET ÉTRANGER
10 francs | 12 francs

La Revue Indigène paraît habituellement sur 64 pages.

La Revue Indigène donne chaque année un fort volume de près de 800 pages.

La Revue Indigène paraît parfois sur 80, 96 et 104 pages, suivant besoins.

La Revue Indigène publie des *études spéciales* : *Guerre de l'opium, Conscription des Arabes, Problèmes tunisiens, Naturalisation des Musulmans*, etc., formant de fortes plaquettes, sans augmentation du prix de l'abonnement.

La Revue Indigène est lue : en Europe, en Afrique, en Amérique, en Asie.

La Revue Indigène doit être lue par tous les amis des indigènes.

La Revue Indigène doit être lue par tous les indigènes instruits.

Troyes. Imprimerie Nouvelle.

AFFAIRES DE TURQUIE

La Paix italo-turque

La Turquie libérale subit l'épreuve du fer, du feu et du sang. Toutes les révolutions s'accompagnent d'une période de troubles anarchiques qui inspirent aux voisins le désir de profiter des circonstances jugées favorables, et les pays qui déplacent brusquement l'assiette de leur régime paient toujours fort cher le temps perdu dans les vaines discussions politiques et les luttes de partis auxquelles il se laissent entraîner.

Pour n'avoir su ni s'atteler résolument aux œuvres de réforme et d'organisation administrative, économique et sociale, ni sacrifier en Tripolitaine une apparence de domination, l'Empire ottoman a eu à supporter une année de guerre plus lourde, il est vrai, à son adversaire qu'à lui-même, et il lui faut aujourd'hui faire face à *une coalition*.

De la guerre italo-turque j'ai dit, en temps voulu, ce qu'il fallait dire et dans la forme nécessaire. Mes sympathies sont allées toutes à l'Empire ottoman, car l'Italie fut aussi brutale dans l'attaque que mégalomane dans les moyens employés, et aussi mégalomane que peu apte à une telle guerre. Ses 150.000 hommes furent tenus en échec par 2.500 réguliers turcs encadrant 15 à 20.000 arabo-berbères. Et il n'est pas inexact de dire que la Tripolitaine a été conquise par la flotte italienne opérant dans la mer Egée !

Est-ce l'Italie qui a déclanché la guerre des Balkans ? Non, sans doute, car elle n'eût pas alors signé une paix qui lui enlevait le contrôle des îles et des côtes turques, et, avec ce contrôle, des espoirs solides de moissons nouvelles, à moins que, croyant savoir fort bien que l'Europe n'était pas disposée à laisser remanier la carte des Balkans, elle ait joué en toute sûreté d'une menace qui devait faciliter ses desseins.

La paix est faite. La Turquie se devait de choisir entre deux maux le moindre. La Tripolitaine n'était plus pour elle qu'un *impedimentum*, et sa domination n'y était plus représentée que par des souvenirs et par un certain nombre — peu élevé — de figurants civils et militaires. Le plus fort des liens était le lien religieux.

La perte de la Tripolitaine n'est, en somme, qu'une blessure d'amour-propre qui pouvait être esquivée par la signature à temps d'un contrat d'association politico-économique sauvegardant l'avenir. Dans les Balkans, au contraire, l'Empire ottoman joue une partie qui pourrait être dicisive et aboutir à son éviction d'Europe, pour peu que les circonstances fussent changées.

L'attachement que la Turquie portait à la Tripolitaine était plus apparent que réel. Les déclarations les plus solennelles et les plus catégoriques n'empêchaient pas, il y a trois mois, des ouvertures de paix qui fussent venues plus tôt, sans doute, si l'Italie n'avait pas commis la maladresse de proclamer une annexion inutile. C'était simple question de formule à trouver, et le fait qu'on ait pu en trouver une malgré cette malencontreuse annexion prouve bien que la Turquie était parfaitement préparée à la perte de sa colonie : un peu plus tôt ou un peu plus tard, pourvu que l'honneur fût sauf.

Et voici comment cela s'est traduit dans les actes.

Théoriquement, la Turquie et l'Italie prennent des mesures indépendantes, chacune en ce qui la concerne. En fait, la procédure est liée pour permettre à l'une et à l'autre, sinon de montrer un contentement égal, du moins d'affirmer après coup les satisfactions qu'elle réclamait.

C'est d'abord le Sultan, qui promulgue en Tripolitaine un firman impérial dont voici le texte :

Aux habitants de la Tripolitaine et de la Cyrénaïque,

Mon gouvernement se trouvant dans l'impossibilité de vous donner les secours efficaces qui vous sont nécessaires pour défendre votre pays, soucieux d'autre part de votre bien-être présent et à venir, voulant éviter la continuation d'une guerre désastreuse pour vous et pour vos familles, et dangereuse pour notre empire, et afin de faire renaître dans votre pays la paix et la prospérité, en vertu de mes droits souverains, je vous concède une pleine et entière autonomie.

Votre pays sera régi par des nouvelles lois et des règlements spéciaux à la préparation desquels vous apporterez la contribution de vos conseils, afin qu'ils correspondent à vos besoins et à vos coutumes.

Je nomme auprès de vous comme mon représentant mon fidèle serviteur CHEMS EDDINE BEY avec le titre de naïb-oul-sultan (représentant du sultan) que je charge des intérêts ottomans dans votre pays. Le mandat que je lui confère a une durée de cinq ans. Passé ce délai, je me réserve de renouveler son mandat ou de pourvoir à sa succession.

Notre intention étant que les dispositions de la loi sacrée du Chéri restent constamment en vigueur, nous nous réservons dans ce but la nomination du cadi qui, à son tour, nommera les naïbs parmi les oulemas locaux, conformément aux prescriptions du Chéri. Les émoluments de ce cadi seront payés par nous, et ceux du naïb-oul-sultan aussi bien que ceux des autres fonctionnaires du Chéri seront prélevés sur les recettes locales.

En vertu de ce document, la Turquie ne reconnaît pas le décret italien d'annexion du mois de février dernier et peut déclarer à ses nationaux qu'elle n'a rien sacrifié de ses droits de souveraineté, puisque c'est en vertu même de ces droits que l'autonomie est accordée à la Tripolitaine, et que le Sultan nomme, en vue de représenter et sauvegarder les intérêts de l'Empire dans ce pays, un représentant dont le titre sera « naïb-oul-sultan », l'analogue d'un Emir. En outre, le cheik-oul-islam sera représenté par un haut personnage religieux qui prendra le nom de *cadi*.

Et l'Italie devra son agrément à ces deux représentants.

Telle est la formule qui permet à la Turquie de laisser l'Italie s'installer comme elle l'entend en Tripolitaine et y poursuivre comme elle le pourra ses œuvres politiques et économiques. D'autres arguments sont tirés du fait que l'Italie rend les îles qu'elle occupait dans la mer Egée, ou du fait que la Turquie ne paiera ni indemnité de guerre ni indemnité aux expulsés italiens, tandis que l'indemnité payée par l'Italie à la Turquie constitue une garantie et une sauvegarde des intérêts des porteurs étrangers.

La publication de ce firman a été aussitôt suivie de la publication d'un décret royal italien sanctionnant le document turc. Voici le texte du décret, daté du 17 octobre, et contresigné par MM. GIOLITTI, DI SAN GIULIANO et tous les ministres :

Vu la loi du 25 février 1912 plaçant la Tripolitaine et la Cyrénaïque sous la souveraineté pleine et entière du royaume d'Italie, dans le but d'assurer la pacification des dites provinces ;

Article premier. — Pleine et entière amnistie est accordée aux habitants de la Tripolitaine et de la Cyrénaïque, qui ont participé aux hostilités, exception faite pour les crimes de droit commun. Par conséquent, aucun individu, quelle que soit sa classe et sa condition, ne pourra être poursuivi ou dérangé dans sa personne, ses biens, ou dans l'exercice de ses droits, à propos d'actes politiques ou militaires commis par lui ou d'opinions exprimées pendant les hostilités. Les individus détenus ou déportés pour ce motif seront immédiatement remis en liberté.

Article 2. — Les habitants de la Tripolitaine et de la Cyrénaïque continueront à jouir, comme par le passé, de la plus complète liberté dans la pratique du culte musulman. Le nom de Sa Majesté Impériale le sultan, en tant que khalifat, continuera a être prononcé dans les prières publiques des musulmans, et sa représentation sera reconnue dans la personne nommée par lui. Le traitement de ce représentant sera prélevé sur les droits d'entrée locaux. Les droits des fondations pieuses (vakoufs) seront respectés comme par le passé et aucune entrave ne sera apportée aux relations des musulmans avec le chef religieux, appelé cadi, qui sera nommé par le Cheik-ul-Islam et avec les naïbs nommés par lui et dont le traitement sera prélevé sur les entrées locales.

Article 3. — Il est reconnu que le représentant susdit a la sauvegarde des intérêts de l'empire ottoman et des sujets ottomans, tels qu'ils restent dans les deux provinces après la loi du 25 février 1912.

Article 4. — Par un autre décret sera nommée une commission dont feront également partie les notables indigènes, afin de proposer pour les deux provinces des mesures civiles et administratives inspirées de principes libéraux et du respect des usages et des mœurs du pays.

Le décret a été signé par le roi à San-Rossore ; il a été contresigné par MM. Giolitti, di San Giuliano, *et tous les ministres.*

Les articles essentiels sont les articles 2 et 3, celui-ci spécifiant que le représentant du Sultan a la sauvegarde des intérêts de l'Empire ottoman et des sujets ottomans. Mais il ne faut pas donner à cet article une portée plus grande que celle qu'il a en réalité, car le correctif : « *tels qu'ils* (les intérêts et les sujets) *restent dans les deux provinces après la loi du 25 février 1912* », aboutit à ne faire de ce représentant rien d'autre, en fait, qu'un consul général.

Quant à l'art. 4, il n'est pas excessif de penser que le principe s'y trouve posé d'une politique d'association dont il n'est pas prouvé, du reste, que les Italiens soient capables. Le correspondant spécial du *Temps* à Tripoli note en effet ceci :

« L'état des esprits chez les Arabes me paraît devoir dépendre
« en grande partie de la façon dont ces derniers seront traités
« par les Italiens. A en juger par ce que je vois tous les jours
« dans la rue, ceux-ci n'oublieront pas de longtemps le soulè-
« vement du 23 octobre 1911, et la politique indigène que suivra
« vraisemblablement le gouvernement, fera un équitable et
« utile contrepoids au joug des futurs colons. » La conduite
des Italiens de Tunis pendant les premiers mois de la guerre,
donne un grand poids à cette remarque.

La paix étant faite, tout souci n'a pas disparu pour l'Italie
en Tripolitaine, et l'évacuation des troupes turques ne sera pas
la fin de tout. En effet, que fera ENVER BEY, le chef de la résistance ? Il a écrit, il y a quelques mois : « Supposons la paix
« faite et les réguliers turcs partis ; moi, ENVER, gendre de
« S. M. le Sultan, je reste ici avec vous et nous combattrons
« jusqu'au bout. » On sait que ENVER BEY s'est affilié au snous-
sisme. Mais celui-ci a-t-il la force et la vitalité qu'on lui a si
généreusement prêtées ? C'est douteux. Il n'en est pas moins
que ENVER BEY est un homme avec qui, s'il reste, l'Italie aura
à compter. L'œuvre réalisée par lui pendant la guerre même
est remarquable. Voici ce qu'en disait un correspondant :

Il a ouvert près de trois cents kilomètres de route carrossables
et autant de routes ordinaires. Il a étendu à tout le pays un réseau
télégraphique et relié entre elles les stations militaires par des fils
téléphoniques. Il a fondé des écoles de garçons comme de filles, et
l'on a pu, dans l'inaction forcée, entre deux attaques, procéder à
des examens sous les tentes en poil de chameaux. Un établissement
au chef-lieu du Merdj fut construit pour recevoir les professeurs.
Puis ce sont des pressoirs pour l'huile, des machines agricoles,
toute une renaissance dans ce pays si abandonné par les Turcs, et
que la guerre seule a pu tirer de sa léthargie séculaire, même au
point de vue économique. Car le commerce de l'intérieur, loin de
souffrir de la guerre, en a reçu une grande impulsion, l'ardeur
belliqueuse et les dissensions intérieures qui caractérisent les tribus
étant canalisées vers la guerre.

L'Italie pourrait donc avoir bientôt à constater que conquérir
ou acquérir est une chose, que pacifier en est une autre et que
organiser un pays comme la Tripolitaine en est une troisième.
Mais voyez donc quel changement dans l'histoire, si l'œuvre
de ENVER BEY eût été accomplie dix ans plus tôt et méthodi-
quement poursuivie !

Pratiquement donc, les conséquences de cette paix peuvent être heureuses pour les deux pays. L'Italie voit ses plus récentes ambitions coloniales satisfaites et la Tripolitaine la consolera de l'Ethiopie. La Turquie, elle, sera débarrassée de l'Afrique, où elle n'avait plus que faire, n'y ayant jamais rien fondé qui pût être durable. Et elle a, en outre, *les mains libres* pour soutenir la nouvelle guerre qui lui est imposée.

La Guerre turco-balkanique

C'est bien inutilement que le Tzar des Bulgares a inscrit dans sa proclamation l'idée de guerre religieuse : « *Et dans cette lutte de la Croix contre le Croissant, de la liberté contre la tyrannie, nous aurons les sympathies de tous ceux qui aiment la justice et le progrès.* » On ne savait pas que FERDINAND de Bulgarie eût l'âme d'un PIERRE-L'ERMITE ! Cette déclaration équivaut au geste du liquoriste collant une étiquette dorée sur la bouteille qui contient un mauvais produit. Aucun de ceux qui suivent de près la politique internationale ne se laissera prendre à une pareille supercherie. Quant aux diplomates, ils ont tous les éléments d'appréciation pour bien connaître les ambitions territoriales que cache l'étalage incongru de sentiments d'une telle nature.

Si l'on connaît mal encore les bases de l'accord des puissances balkaniques (1), le Tzar des Bulgares étant le chef d'orchestre et le roi du Monténégro étant le premier exécutant, on connaît beaucoup mieux les plans des deux grandes puissances qui s'appellent la Russie et l'Autriche. La première n'oublie pas que PIERRE-LE-GRAND lui a assigné Constantinople comme objectif avec la possession de la rive septentrionale des détroits. On en sait la raison géographique, les mers russes du nord étant encombrées de glaces une partie de l'année. Cet objectif est devenu aujourd'hui d'autant plus pressant que 70 % du commerce russe d'exportation passe par les détroits de la mer de Marmara. Quant à l'Autriche, elle a découvert ses plans

---

(1) Quelques renseignements sont fournis sur l'accord signé par les quatre puissances balkaniques. Une fois la guerre terminée, les quatre Etats formeraient une *union douanière*. Il aurait été décidé, en outre, que les armées occuperaient aussi vite que possible les territoires sur lesquels chaque Etat entendrait faire valoir ses prétentions ou qu'il voudrait faire entrer dans sa sphère d'influence.

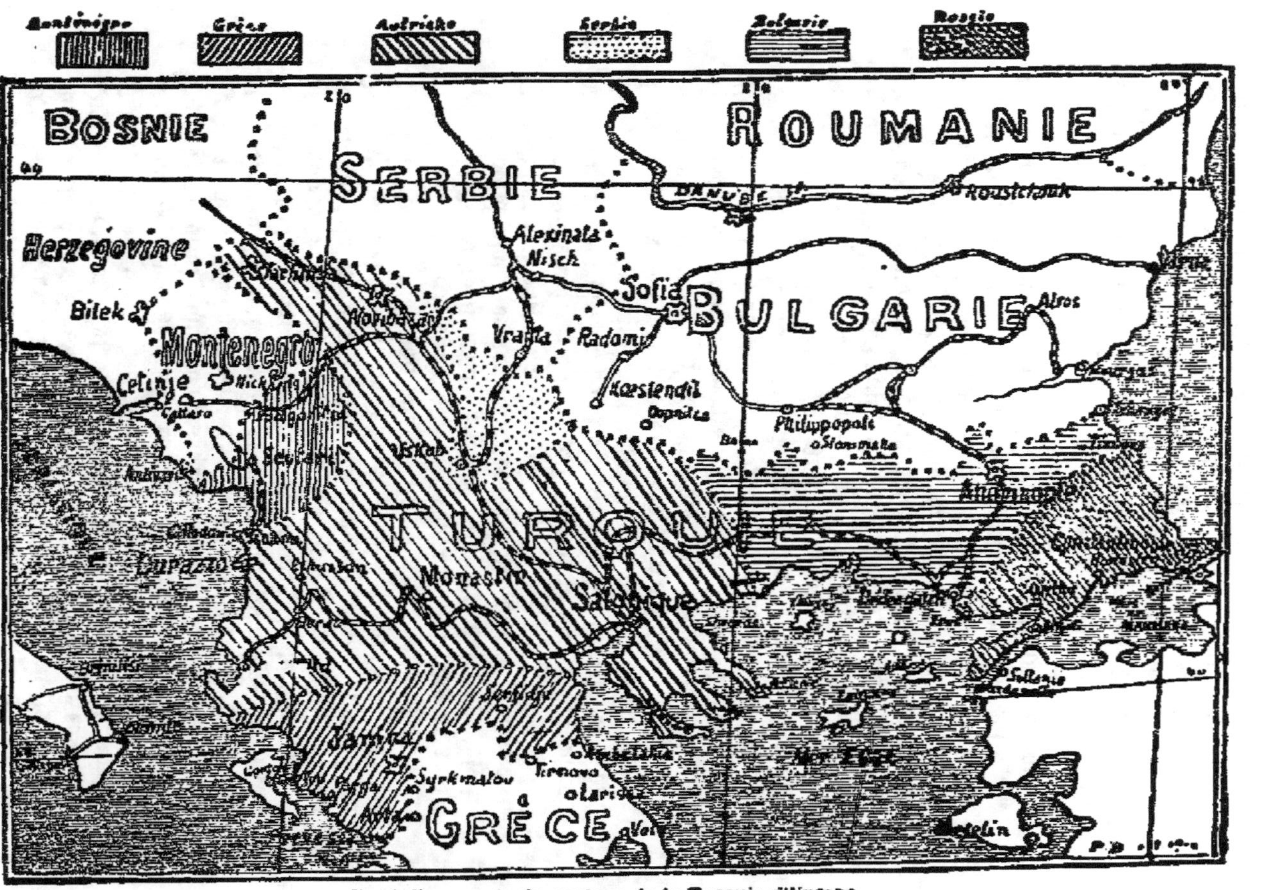

Essai d'une carte du partage de la Turquie d'Europe

d'un côté par l'annexion de la Bosnie-Herzégovine, d'un autre côté par ses interdictions sur le sandjak de Novi-Bazar. On aperçoit donc qu'elle entend en même temps allonger ses côtes sur l'Adriatique en enclavant le Monténégro, à qui elle laisserait Scutari et son lac, et se réserver Salonique pour avoir une sortie sur la mer Egée. Et c'est elle qui possède le plus gros appétit territorial, soutenue par sa puissante alliée l'Allemagne, heureuse de voir s'effectuer un mouvement de recul volontaire de l'Autriche dualiste devant ses encombrants pangermanistes.

Là-dessus, chevauchent les ambitions territoriales de la Serbie, de la Bulgarie et de la Grèce. La première voudrait bien reconstituer la grande Serbie qui comporte la possession du Sandjak de Novi-Bazar. La seconde rêve d'une grande Bulgarie qui étendrait ses côtes au sud de Bourgas et gagnerait la mer Egée en gardant Andrinople et Dedeagatch. La troisième se dit encore la digne héritière de la Grèce antique, aïeule de la civili-sation occidentale, et voudrait, après s'être arrondie au nord, reconstituer son empire pélagique.

Sur ces données on aperçoit aisément que le problème balkanique n'est pas de solution aisée et que l'existence d'une Turquie d'Europe faisait contrepoids aux ambitions contraires de ses voisins et maintenait, en somme, un équilibre territorial.

Mais si les raisons d'agir des puissances balkaniques sont exclusivement de l'ordre géographique et de l'ordre économique, il est parfaitement certain, par contre, que les peuples en pré-sence se laissent guider par de pures raisons de sentiment : haines de races, haines de religions, et, sur ce dernier point, on a fort justement observé que, dans un ordre de choses nou-veau, les orthodoxes balkaniques seraient sans doute aussi durs aux catholiques que les Turcs purent jamais l'être aux chrétiens.

Ce dont peu de publicistes veulent convenir, c'est que les problèmes ethniques, dans cette partie du monde, ont une force singulière, capable de faire obstacle aux desseins des meilleurs gouvernements, tout au moins en dehors des plans d'une fédération de peuples.

S'agit-il de la Turquie en tant que puissance ? On oublie que vingt peuples au moins la composent et que les religions se coudoient sans se heurter dans le cadre politique défini par cette expression, la seule exacte : l'*Empire ottoman*. Le Turc, celui qui descend des conquérants venus d'Asie qui envahirent l'ancien Empire d'Orient et prirent Constantinople en 1453, détient aujourd'hui le pouvoir qui, demain, pourrait aussi bien appartenir aux Arabes ou aux Arméniens, lesquels, vraisemblablement et à leur tour, le rendraient lourd et cruel aux Turcs. Et ceci explique fort bien que les Arméniens soumis par les Turcs à des opérations périodiques de massacres demeurent fidèles à l'Empire ottoman. C'est une conception toute orientale, mais force est bien d'en tenir compte si l'on veut essayer de dégager la philosophie de l'histoire de ces pays.

S'agit-il du problème macédonien, raison avouée de la guerre actuelle ? Voici comment l'apprécie J. ARREN dans l'*Eclair*. (On sait que ce pseudonyme cache une personnalité parlementaire dont les préférences vont d'instinct aux Etats balkaniques et à la Grèce.)

On peut douter de la bonne volonté de la Turquie ; mais tout de même il faut bien admettre que si, depuis trente-cinq ans, la diplomatie européenne s'épuise à ébaucher une solution au problème macédonien et ne peut y arriver, c'est qu'il est assez ardu.

Puisque les Etats balkaniques nous y convient, examinons-le.

Ce qui rend presque insoluble la question macédonienne, ce sont les Macédoniens. Il y a dans ce pays un tel enchevêtrement de races, de religions et de langues, que tout partage, toute émancipation et tout gouvernement soulèvent aussitôt des objections formidables.

Lorsqu'on a constitué la Serbie, ou la Bulgarie, ou la Grèce, avec des morceaux de l'Empire ottoman, cela a été relativement facile. On avait affaire à des régions dont l'une était peuplée de Serbes, la seconde de Bulgares, la troisième de Grecs.

A une région géographique correspondait une unité ethnique ayant une conscience nationale développée ; ces peuples avaient été soumis aux Turcs, mais ils étaient résolus à s'affranchir ou à mourir : fatalement, un jour ou l'autre, ils devaient s'émanciper, et du coup, ils existaient comme nations indépendantes.

Mais la Macédoine !

D'abord, en ce moment, on s'occupe des populations chrétiennes : mais croyez-vous qu'elles soient seules en Macédoine ? Détrompez-vous, ce serait trop simple : il y a une forte minorité de musulmans. Combien, direz-vous ? Ah ! voilà le triomphe du casse-tête macédonien : ce sont les chiffres. Suivant l'origine des statistiques, ils varient dans des proportions inouïes : vous pensez que les recensements, en Turquie, laissent de la marge !

Donc, les musulmans habitant la Macédoine ont été évalués à des nombres variant de 350.000 à 1.300.000. Prenons un chiffre moyen et vraisemblable de 500.000, sur une population totale de peut-être trois millions. Il faut bien en tenir compte : la Macédoine n'a pas une population uniquement chrétienne, et la Turquie peut vouloir y défendre les intérêts et l'existence de ses sujets turcs. Première difficulté : ce n'est pas la dernière.

Et J. ARREN tire encore de la *confusion des races*, de la *confusion des langues*, de la *confusion des religions* et de l'existence *d'ambitions rivales* des conclusions qui peuvent parfaitement justifier ce que je disais plus haut, à savoir que la Turquie d'Europe, telle qu'elle subsiste, est nécessaire à l'équilibre balkanique.

Il n'y a donc pas que des Turcs musulmans d'un côté et des chrétiens balkaniques de l'autre côté. Il y a un Empire ottoman, aussi mélangé que le sont les pays balkaniques, et l'organisation de ceux-ci n'a pu se faire, il ne faut pas l'oublier, qu'avec l'*appui*, l'*argent* et les *conseils* constants des puissances occidentales, du fait des *liens spéciaux* (princes détachés et installés sur des trônes tout neufs) qui les unissent. Et la guerre actuelle n'est pas autre chose qu'un problème de puissance à coalition de puissances. La France et d'autres Etats ont connu les coalitions avant la Turquie.

.*.

A vrai dire, toute coalition suppose des fautes commises par la puissance contre laquelle d'autres se coalisent. Quelles sont donc les fautes de la Turquie ? C'est KIAMIL PACHA lui-même qui en souligne deux importantes.

La première consista, pendant la première moitié du XIX° siècle, à laisser se relâcher les liens qui unissaient « l'Egypte à la Turquie, soit en donnant aux pachas d'Egypte « un rôle excessif dans la défense des intérêts ottomans, soit, « par contre-partie, en prétendant leur imposer des chaînes « peu compatibles avec l'importance exagérée qu'on leur avait « accordée précédemment ».

D'où l'homme d'Etat ottoman déduit que l'Egypte échappant à la Turquie par sa faute, soit qu'elle dût se proclamer indépendante, soit que l'Angleterre dût s'y installer, l'impossibilité de secourir la Tripolitaine par voie de terre devenait évidente, et la perte de cette province devait encourager les puissances balkaniques à profiter des embarras de l'heure présente.

La seconde faute commise doit être trouvée dans cette

constatation faite par Kiamil : « L'alliance entre la Bulgarie et
« la Grèce est insensée et anormale. L'intérêt de la Grèce est
« en effet de faire cause commune avec la Turquie. » Or, s'il
en est autrement, n'est-ce pas parce que la Turquie a toujours
témoigné à la Grèce une mauvaise volonté persistante devant
ses revendications les plus justifiées ?

En vérité, la Turquie a toujours fait preuve dans le gouvernement des territoires excentriques d'une imprévoyance et
d'une incurie qui devaient, un jour ou l'autre, lui coûter fort
cher. Et c'est ainsi qu'une troisième faute importante réside
dans l'incurie persistante apportée à l'organisation politique et
militaire de la Turquie d'Europe, incurie d'autant plus inexplicable que, depuis 1880, elle pouvait et devait s'attendre à
une nouvelle attaque, celle d'aujourd'hui, dont on peut dire
que c'est merveille qu'elle ait tardé si longtemps à se produire.

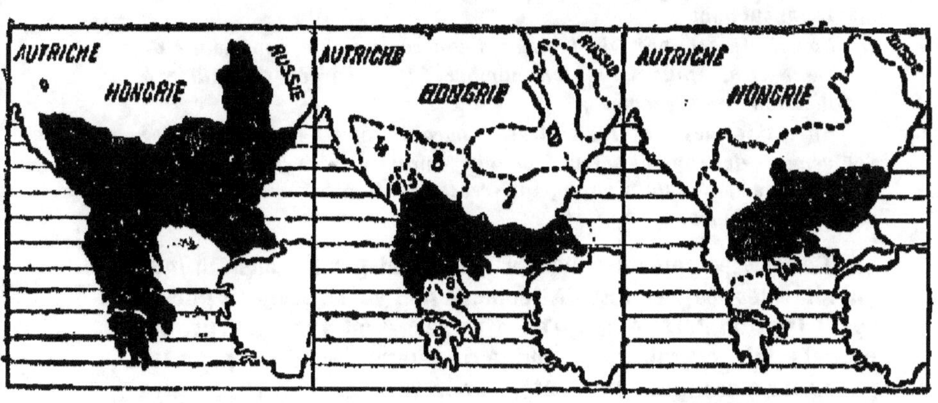

1792
La Turquie d'Europe est figurée en noir

1912

LE TRAITÉ DE SAN-STEFANO
La grande Bulgarie est figurée
en noir

1. Bessarabie (prise par la Russie). — 2. Roumanie. — 3. Serbie. — 4. Bosnie Herzégovine (prise par l'Autriche). — 5. Sandjak de Novi Bazar (sous la suzeraineté turque). — 6. Monténégro. — 7. Bulgarie. —
8. Thessalie (remise à la Grèce). — 9. Grèce.

1880, c'est la date d'inscription des fameuses réformes que
la Bulgarie invoque aujourd'hui pour justifier son action de
guerre. Elles étaient nécessaires, et pour n'avoir rien fait en
vue de leur réalisation progressive, la Turquie s'est vu proposer,
sur un ton comminatoire, dans le cadre du traité de Berlin, un
plan renforcé de réformes, dont il est utile de noter ici la teneur :

Confirmation de l'autonomie ethnique des nationalités chrétiennes de Turquie ;

Représentation parlementaire proportionnée à l'importance numérique de ces nationalités ;

Reconnaissance des écoles chrétiennes sur le pied d'égalité avec les écoles de l'État ;

Recrutement régional des soldats chrétiens, des cadres chrétiens, suspension de l'enrôlement des chrétiens jusqu'à formation desdits cadres ;

Admission de tous les chrétiens aux emplois publics ;

Nomination de valis belges ou suisses, assistés de conseils électifs dans les provinces où existent les chrétiens ;

Décentralisation administrative ;

Réorganisation de la gendarmerie, sous le commandement effectif d'officiers belges ou suisses ;

Engagement à prendre par la Porte de ne plus modifier le caractère ethnologique de ces provinces par transplantation d'éléments musulmans ;

Constitution auprès du vizirial d'une commission supérieure de chrétiens et de musulmans en nombre égal, chargée de veiller à l'application des réformes ;

Ensemble des mesures ci-dessus, garanti par les puissances, par l'entremise des ambassadeurs et des ministres des quatre États balkaniques à Constantinople, qui recevraient mission d'exercer la haute surveillance.

Certes, les réformes de 1880, ce n'est pas l'ancien Sultan qui allait les réaliser ! Et l'Allemagne ne l'y encourageait guère, ayant trop d'intérêt à ce qu'elles ne se fissent pas. La Turquie libérale, elle, a vraiment manqué du temps nécessaire pour les poursuivre, occupée, d'un côté, par la réaction l'un sur l'autre des courants contraires qui se partageaient son opinion publique, engagée, d'un autre côté, dans la révolte arabe et la guerre de la Tripolitaine. Même situation qu'en France au lendemain de 1793. Tout au moins, la Turquie libérale eut-elle dû empêcher à tout prix les massacres humains d'Adana et autres lieux, héritage tout à fait indésirable du régime hamidien soutenu et défendu, sinon encouragé, par l'empereur allemand..... Mais, des massacres, n'y en eut-il donc jamais dans les Balkans, et les Turcs ont-ils été toujours les bourreaux et jamais les victimes ?

Il n'en est pas moins que la Turquie est menacée de payer chèrement les frais de son régime de domination pure. L'esprit

de domination ! c'est là ce qui distingue si nettement le Turc
de l'Arabe, et place le premier bien au-dessous du second dans
l'échelle politique et sociale des peuples.

Le Turc n'a pas su faire aux autres peuples leur due-part.
Il a oublié, par exemple, que dans la Turquie d'Europe, il ne
représente pas 20 % de la population (1). Jusqu'à la révolution
de 1908, il n'a jamais su s'élever à la politique d'association,
et ce n'est que depuis quatre ans qu'on a pu voir un ministre
des affaires étrangères et un ambassadeur ottoman d'origine
chrétienne, tandis que, par des lois nouvelles, les non-musul-
mans sont appelés à l'égalité politique, civile et administrative
en débutant par le service militaire.

J'imagine qu'il se trouvera de nombreux Français dans
l'Afrique du nord pour faire sur ces données, tout incomplètes
qu'elles soient, les rapprochements et les réflexions nécessaires,
et pour dégager au profit de notre politique ce qu'on pourrait
appeler : *la leçon coloniale des Balkans*.

Nous voici donc en présence d'événements auxquels on
impose l'étiquette d'un idéal quasi religieux, par quoi on
déguise et colore des ambitions territoriales déclanchées par
l'annexion de la Bosnie-Herzégovine et apparues de réalisation
facile pendant la guerre italo-turque. L'Histoire vengeresse
stigmatisera l'action des puissances balkaniques si, comme on
le craint, cette guerre devient une guerre d'extermination.
Des politiques, venus de camps opposés, le redoutent, et voici
comment M. JAURÈS, de son point de vue spécial, exprime son
opinion personnelle :

Ce sera la guerre, et la plus âpre, la plus atroce, la plus sau-
vage. Des deux côtés, les haines sont au paroxysme. Les Turcs sont
exaspérés par toutes les violences européennes qu'ils ont subies.
Et ils chercheront à prendre sur les peuples slaves des Balkans la
sinistre revanche de tous les méfaits de l'Europe. Les Serbes, les
Monténégrins, les Bulgares, les Grecs sont exaspérés par toutes les
violences que leurs frères ont subies dans l'Empire turc. Ce ne sera

---

(1) Dans la partie européenne de l'Empire ottoman, on comptait, au moment
de la guerre, pour 100 Turcs authentiques, 120 Grecs, 163 Albanais, 60 Bulgares,
18 Serbes, 30 Arméniens, 24 Zingares, 13 Israélites et 12 Tsiganes — soit, sur
538 habitants de la Turquie d'Europe, les Turcs ne figuraient que pour 100
unités (N. D. L. R.).

pas la rencontre chevaleresque et encore humaine jusque dans l'emploi de la force. Ce sera une ruée d'extermination réciproque.

Les puissances balkaniques s'efforcent en vain de s'attribuer le beau rôle. Des publicistes avertis font nettement allusion à l'action spéciale d'une certaine finance, et la Turquie est la seule à se placer au point de vue des luttes de territoires ou d'influence.

Il n'est pas jusqu'à cette question capitale des réformes qui ne vaille aux Etats balkaniques, outre la leçon des faits depuis quatre ans, la leçon de l'une des puissances les plus intéressées, je veux dire la Russie. C'est ainsi que le ministre russe, M. Sazonoff, a déclaré, avec une certaine solennité :

La Russie ne se laissera pas troubler par les machinations des fauteurs de troubles qui cherchent à déclancher une guerre européenne ;... on peut admettre que sa sympathie va aux peuples balkaniques dans leurs revendications de réformes, mais ces réformes auraient pu être réalisées grâce aux mesures qui ont eu l'approbation du Tsar ; elles peuvent encore être réalisées sans qu'une guerre européenne soit nécessaire. La présente guerre est considérée comme un malheur qui doit être terminé au premier moment favorable, plus tôt, peut-être, que le monde l'imagine. Les réformes macédoniennes ne présupposent aucun changement territorial en Orient...

Ces déclarations, dans les circonstances où elles ont été faites, ont la plus grande importance. Elles confirment que la Turquie libérale qui avait déjà adopté quelques-unes des règles politiques que les puissances dites civilisées ont coutume de s'imposer, allait bientôt être à même de poursuivre les réformes nécessaires et qu'elle n'avait nul besoin, pour s'y décider, des injonctions de ses voisins. Et cela est tellement vrai que la Turquie, consciente à la fois de ses droits et de ses devoirs, et instruite des désirs des grandes puissances a fait jusqu'au bout confiance à celles-ci, tandis que les puissances balkaniques, emportées par l'ambition, *échappaient* (le mot est d'un diplomate responsable), aux conseils de ces mêmes grandes puissances. C'est de quoi, encore, l'histoire aura à tenir compte.

La guerre se déroule. Il ne m'appartient pas de formuler la moindre appréciation sur ses péripéties.

En fait, toutes les frontières turques sont aujourd'hui violées et franchies. On verra par la carte ci-après quelle était la position des armées au moment de la déclaration de guerre. Les opérations paraissent bien se poursuivre comme le prevoyaient les spécialistes militaires, entre autres le colonel ARTHUR BOUCHER, auteur déjà de brochures qui réconfortèrent le pays au moment d'Agadir. Selon ces spécialistes, les puissances balkaniques doivent profiter au début de la guerre de leur longue préparation, de la rapidité de mobilisation, de

Positions des armées adverses au début des hostilités

concentration et de marche. Par contre, si la Turquie résiste aux premiers chocs, elle retrouvera pour l'aider à triompher de ses adversaires, la force du nombre d'hommes et la force de l'incroyable résistance de ses soldats. Un très prochain avenir permettra de vérifier la justesse de ces pronostics (1).

---

(1) A la date du 24 octobre Kirk-Killissé, position fortifiée à 40 kil. à l'est d'Andrinople, désormais découvert, a été enlevée. D'aucuns en augurent la défaite

.*.

Mais il reste le plus grave des problèmes. L'action des puissances balkaniques sera-t-elle localisée ? A bien lire les informations multiples et souvent contradictoires dont la presse est remplie, on voit assez nettement que les grandes puissances, à l'instar de la Russie, proclament assez volontiers leur désir que, quelle que soit l'issue de la lutte, le *statu quo* territorial soit maintenu. Mais on aperçoit aussi que des forces cachées agissent dans le sens opposé et s'attachent à nouer l'intrigue fatale. Les unes agissent en Autriche, les autres en Russie. M. Sazonoff y fait nettement allusion dans sa déclaration, quand il dit :

«... A Vienne, de même qu'à Saint-Pétersbourg, le ministre responsable de la direction de la politique étrangère a à lutter contre les éléments contraires qui sont généralement jugés puissants, mais ne sont certainement pas prépondérants. » M. Judet, dans l'*Éclair*, les dévoile ; ce sont : en Autriche, l'archiduc héritier François-Ferdinand, et, en Russie, les grandes duchesses Nicolas et Pierre Nicolaïéwitch, filles du roi de Monténégro.

Mais notre éminent confrère ajoute aussitôt : « Ce qui est prépondérant à Vienne, c'est François-Joseph, le vieil empereur, qui s'emploie avec une extrême ténacité contre tout ce qui serait matière à querelles, cause d'incendie ; ce qui est prépondérant à Saint-Pétersbourg, c'est Nicolas II, l'empereur de la paix. »

C'est fort juste. Cependant... Cependant, si les États balkaniques étaient vainqueurs de la Turquie, s'imagine-t-on qu'il serait aisé de maintenir le fameux et traditionnel *statu quo ante ?* Sans doute, si le ministre de l'intérieur bulgare, reçu à Saint-Péterbourg par le premier ministre des affaires étran-

----

prochaine des Turcs. La presse allemande, jusque-là férue de l'armée turque formée à l'école de la Prusse, marque une inquiétude spéciale. La *Deutsche Tageszeitung* écrit : « *Il n'est pas possible que l'artillerie turque n'ait pas produit à Kirk-Kilissé l'effet qu'on en attendait. On signale ce fait dans une dépêche venue du théâtre de la guerre. Or ce serait d'autant plus regrettable qu'il s'agit ici d'un duel entre les canons français du Creusot et les canons allemands de Krupp.* » On sait que la Bulgarie avait commandé ses canons en France après essais comparés avec les canons allemands. L'inquiétude ainsi manifestée visorait donc les éventualités d'une guerre franco-allemande, telle qu'on put la craindre il y a un an. (Note de l'A.).

gères, a pu faire entendre « des paroles raisonnables » dont voici l'analyse officielle :

« La Bulgarie s'est lancée dans la guerre, sachant ce qu'elle faisait et a spontanément pris envers l'Europe l'engagement de ne pas accroître son territoire. Cet engagement, elle est déterminée à le tenir. Son unique objet est d'obtenir des réformes en Macédoine et de ne rien avoir pour elle-même. »

C'est là une promesse de désintéressement trop belle en soi, et qu'il ne serait sans doute pas possible à FERDINAND de tenir, même s'il le voulait fortement, car le peuple bulgare pourrait avoir une volonté plus forte que la sienne. N'a-t-on pas dit, avant la déclaration de guerre, que les rois balkaniques risquaient leurs trônes s'ils résistaient à la volonté de leurs peuples qui était de se battre ?

> Ils étaient quatre
> Qui voulaient se battre.

En outre, non seulement un tel désintéressement ne répond pas à ce que l'on sait des ambitions du Tzar des Bulgares, mais encore le démenti est venu aussitôt de la Serbie, d'où un télégramme annonçait ceci : *« Les Etats balkaniques, s'ils sont victorieux, n'abandonneront pas les territoires qu'ils occuperont et attendront le résultat de la conférence européenne, à laquelle ils prendront part. Si les grandes puissances ne reconnaissent pas la nouvelle situation, les Etats balkaniques ne céderaient qu'à la force. »* C'est assez clair pour qu'il n'y ait pas lieu d'insister. (1)

---

(1) La prise de Kirk-Kilissé a produit une vive impression à Vienne, où l'on tablait, pour rester dans l'expectative, sur les victoires turques, auxquelles on commence à ne plus croire. Dès lors, l'appétit autrichien se réveille et le possesseur de la Bosnie se tapit déjà derrière les petits Etats pour venir, à l'heure propice, réclamer sa part. Deux journaux autrichiens sont à citer ici. La *Zeit* dit à propos de Kirk-Kilissé :

Quelle que soit la suite des événements militaires, la diplomatie européenne devra compter avec cette éventualité que l'on tenait pour impossible : une défaite militaire complète de la Turquie. Ce résultat n'est pas encore arrivé ; il n'est pas encore proche, mais le calcul diplomatique doit la tenir pour possible. La formule du statu quo dans les Balkans, dont on pouvait s'accommoder aussi longtemps qu'on pouvait croire à la résistance militaire de la Turquie, n'est plus utilisable aujourd'hui. L'Europe doit s'habituer à l'idée de transformations profondes en Orient. Il faut revoir et recorriger les opinions admises pour établir une paix balkanique durable après la guerre.

— La *Nouvelle Presse libre* écrit :

Si Kirk-Kilissé et Kumanovo étaient le commencement d'une série de

Le véritable danger est celui-ci. Le Tzar des Bulgares a déclanché dans sa proclamation le ressort moral qui, si souvent, emporte les prévisions diplomatiques les plus solides en droit et en raison. C'est l'appel au sentiment religieux qui, des murs de Sofia, peut se répercuter vers Moscou, autrement dit, le panslavisme dressé vers Constantinople par Andrinople et Salonique. Si l'écho russe venait à répondre, c'en serait fait de la paix du monde, car au panslavisme agissant, l'Autriche opposerait aussitôt une barrière de fer et de feu, et le panislamisme inventé par GUILLAUME entrerait en lice. Et il en serait de même, par réciproque, si l'Autriche, à l'heure du règlement, voulait affirmer par la force les prétentions territoriales qu'elle a nourries jusqu'ici. Le vieux monde serait secoué, disloqué, anéanti pour un siècle, ouvrant ses routes à l'impérialisme américain ou à tout autre. Quelle *honte* pour la civilisation ! et quelle *folie* de la part de l'Europe !

C'est pourquoi il faut souhaiter que la promesse de M. SAZONOFF se *réalise* au plus tôt : (« *plus tôt que le monde l'imagine !* »)

C'est pourquoi, encore, il faut souhaiter que l'action de la France soit favorisée par les puissances. Il n'est pas encore trop tard. On sait que M. POINCARÉ avait proposé la réunion d'une conférence internationale. Il a plu à certains gouvernements de croire que dans les circonstances présentes, les discussions d'une nouvelle conférence seraient inopportunes, ce qui ne les empêche pas d'un côté de rendre hommage à la pensée hautement politique de l'homme d'Etat français, et d'un autre côté d'affirmer leur complet désintéressement. Or, la conférence n'eut-elle fait qu'enregistrer ce désintéressement et arrêter les moyens de le rendre effectif, qu'un service signalé eut été rendu à la cause de la paix. L'Europe pourrait bien s'apercevoir qu'elle a sottement négligé de prendre la branche de salut qu'on lui tendait.

Le *Daily Graphic* écrit :

------

malheurs, l'Europe serait obligée de se conformer aux circonstances créées sur les champs de bataille, car il ne serait pas possible de supprimer tout à fait les effets d'une victoire complète sous les murs d'Andrinople. Les grandes puissances ne pourront pas ignorer que les peuples victorieux veulent profiter de leurs victoires. La Turquie n'a pas seulement perdu Kirk-Kilissé et Kumanovo, elle a peut-être perdu déjà la Macédoine.

Ces manifestations ont leur importance.

L'Europe a, en M. Poincaré, un homme d'Etat qui voit clairement et ne craint pas de proposer les remèdes logiques ; il aurait
déjà pu sauver l'Europe du sud-est si le courage de certains de
ses collègues européens avait été égal au sien. Il cherche à leur
donner une nouvelle occasion d'éviter une catastrophe terrible ;
nous espérons qu'il aura cette fois une meilleure chance.

Le projet du gouvernement français fut approuvé par le
Daily News lui-même :

C'est un indice important de la renaissance morale de la France
que de constater que depuis le commencement de la crise, ses
hommes d'Etat ont fait preuve de plus de prévoyance et d'énergie
que ceux de toutes les autres puissances. Si quelques Anglais
regrettent que l'initiative n'ait pas été prise par le Foreign office,
ils se consoleront en constatant qu'elle a été prise par nos voisins et
amis. Le plus souvent, lorsqu'on s'imagine que la France est morte,
elle ne fait que sommeiller.

Enfin, la *Deutsche Tageszeitung* réflétait, dit-on, le sentiment d'un haut personnage allemand en publiant ceci :

Par une ironie des réalités, la France et l'Allemagne se trouvent aujourd'hui être également intéressées à la consolidation de la
Turquie, au maintien de la paix dans les Balkans ou à son rapide
rétablissement. La France et l'Allemagne sont dans une situation
à peu près analogue, leurs territoires n'étant en aucun point limi-
trophes de l'empire ottoman. Leurs alliances les unissent à des
puissances directement et même territorialement intéressées à
l'équilibre balkanique, la Russie et l'Autriche-Hongrie.
La tâche de l'Allemagne et de la France est, dans cette affaire,
de concilier Vienne et Pétersbourg, de les empêcher de faire une
démarche dangereuse et de nature à amener un conflit.
Les hommes d'Etat allemands, pas plus que les hommes d'Etat
français lors de la conclusion de l'accord franco-russe, ne pensèrent
probablement guère à la possibilité d'une telle situation quand ils
signèrent le traité d'alliance austro-allemand. Or, la France et
l'Allemagne ont le désir de maintenir la paix en Europe. La France
peut jouer dans cette affaire un rôle décisif puisque l'Allemagne
est obligée d'entrer en ligne si l'alliée de la France, la Russie,
attaque l'Autriche.

La position respective de la Triple Entente et de la Triple
Alliance est, en effet, singulièrement épineuse. Les deux puissances directement intéressées qui, à la date du 25 octobre,
n'ont pas encore déclaré leur neutralité et ne paraissent pas

disposées à la déclarer, attendant réciproquement leur initiative, appartiennent chacune à l'un des grands groupements, où elles rencontrent des amies ayant des intérêts contraires. Ce sont tiraillements que souligne par exemple le voyage en Italie du premier ministre autrichien. En Russie, certaine presse voudrait faire écho au chant du faux croisé bulgare. L'Allemagne, par sa discrétion même, prouve à quel point elle serait heureuse de pouvoir s'emparer de ces divergences pour déplacer à son profit le pivot des alliances. Si elle y réussissait, ce serait le partage immédiat de la Turquie d'Europe, l'accord de la Russie et de l'Autriche ne pouvant se faire qu'au détriment de l'Empire ottoman et des Etats balkaniques eux-mêmes. Après quoi, vraisemblablement, l'Italie serait laissée libre de remplacer la Russie dans la Triple Entente, et la Turquie invitée à entrer dans la Triplice, si elle en avait encore le courage.

Il appartient à la Turquie, dans des circonstances aussi graves, de discerner où sont ses meilleurs amis. Il n'est pas imprudent d'écrire ici que c'est de France que lui sont venus les conseils les plus avisés et les plus désintéressés.

⁂

Que conclure ?

Je sais bien qu'il est plus facile de s'abandonner au sentiment que d'écouter la raison. Le sentiment, ceux-là le suivent qui entendent la seule chanson des souvenirs littéraires ou la seule voix des amitiés féminines, royales ou princières. Et c'est le pur sentiment que proclame une femme politique qui a, tour à tour, de beaux gestes et des gestes moins heureux, dès que le souci d'une réclame excessive les dicte, et qui veut être appelée à la fois « la mère des musulmans » et la sœur des femmes chrétiennes des Balkans ». Qui ne reconnaîtrait à ces titres Mme JULIETTE ADAM ? Elle ne veut pas entendre parler de l'intérêt. Cependant, lorsque l'intérêt peut s'accorder avec le sentiment, comme c'est le cas pour la France, puissance musulmane, qui a la charge de 20 millions de musulmans, ses dévoués sujets ou protégés — (ce ne sont ni les Bulgares, ni les Serbes, ni les Grecs qui nous ont aidés à conquérir notre Empire colonial, ni qui seront appelés à se battre pour nous et avec nous sur la frontière bleue) — il semble qu'on pourrait sans trop de peine se libérer du fatras littéraire et entendre la voix de la raison qui a bien son poids dans la conduite publique des individualités politiques. Les intérêts de la France avant ceux de la Bulgarie ou de la Serbie : c'est le moins qu'on puisse dire en l'occurence.

Je m'en voudrais de ne pas citer ici CLAUDE FARRÈRE :

Et d'abord, qu'on le sache bien, et que messieurs les gens de Bourse daignent m'en croire sur parole : *il y aura guerre*. Peut-être pas cette fois-ci. Peut-être pas demain. (C'est aujourd'hui 3 octobre 1912 que j'écris ce mot-là, « demain ».) Mais bientôt. Il y aura guerre, parce que cette guerre-là est voulue, préméditée, préparée d'avance, et le plus savamment du monde, par un homme de la plus vaste et de la plus profonde intelligence, et parce que cet homme, — FERDINAND, tsar de Bulgarie, — ne peut manquer de trouver, tôt ou tard, l'heure favorable qu'il attend et qu'il espère depuis bientôt un quart de siècle : l'heure où la Bulgarie, victorieuse sur quelque grand champ de bataille, comme la Prusse à Sadowa et à Sedan, groupera autour d'elle, et à son profit, une confédération plus ou moins impériale de tous les Etats balkaniques, — la Grèce et la Roumanie exceptées, — en rejetant hors d'Europe les Turcs, et en reprenant à son compte l'antique projet des tsars russes sur Bysance.

Et, courageusement, à l'encontre de tous ceux que l'*hellénisme* aveugle, oubliant que les Gaulois, jadis, allèrent jusqu'en Grèce et que Vercingétorix disait à ses contemporains : *si les Gaulois savent s'unir ils soumettront l'Univers*, CLAUDE FARRÈRE ajoute :

Je le regretterai. Je ne sache pas au monde un peuple doué de plus nobles qualités que le peuple turc. Et, je le dis très haut, dans cette lutte injuste qui se prépare, mes vœux les plus ardents vont au faible contre le fort, — au Musulman contre le Chrétien.

Et donc, pour la paix du monde, il est à souhaiter que l'Empire ottoman surmonte la coalition balkanique.

Le gouvernement de Constantinople n'a pas d'ambitions territoriales. Il lui suffira, après la victoire, de pouvoir se mettre résolument, comme il en avait l'intention manifestée par des actes, à l'œuvre de régénération entreprise depuis quatre années, et que tant d'événements divers sont venus interrompre — mais en pouvait-il être autrement ? Grâce à quoi il ne lui faudra pas un siècle pour prendre rang de grande puissance, au besoin sous la forme d'une forte fédération de peuples. Et, sans doute, pour l'y aider, la Turquie rencontrerait-elle l'aide amicale et la collaboration désintéressée de la France, de l'Angleterre et de la Russie, auxquelles il serait toujours possible, par des accords loyaux, de donner les satisfactions positives qu'appellent leurs intérêts économiques ou financiers.

25 octobre 1912.

P. S. — La marche rapide des Bulgares et leurs victoires foudroyantes, le succès des armées alliées ont, en cinq jours, complètement modifié les données du problème balkanique. Le maintien du *statu quo* est devenu impossible et cette formule se trouve remplacée par une formule de *désintéressement* dont on n'arrive pas à fixer les conditions. Mais quel sera le règlement, si celui-ci, comme il apparaît, doit être signé à Constantinople même par FERDINAND, agissant pour son compte et au nom de ses alliés, et réalisant la prophétie *dictée* à un personnage religieux orthodoxe qui la prononçait en bénissant ses armes : « *Tu seras Empereur des Etats-Unis des Balkans* » ? Et quelle sera la participation des grandes Puissances dans ce règlement ? Les diplomates ont de fréquentes et incessantes entrevues. On demande à la France de prendre l'initiative des propositions définitives. Mais les propositions susceptibles d'être définitives la veille, ne peuvent plus l'être le lendemain. Les grandes forces morales mises en mouvement dans les Balkans paraissent, enfiévrées par le succès, un succès véritablement inattendu, vouloir tout emporter. On ne sait plus s'il sera possible de laisser à la Turquie vaincue et diminuée la garde de Constantinople et des Détroits, placés sous un régime international, ceci, pour ce qui est de l'Orient proprement dit.

Mais les Puissances ? Leur intervention sera-t-elle accueillie par les Etats victorieux ? Ceux-ci déclarent déjà vouloir traiter directement avec la seule Turquie. L'Autriche déclare maintenant ne pas vouloir d'agrandissements territoriaux ; elle veut bien être l'avocat des revendications légitimes des puissances balkaniques, mais elle entend ne pas oublier de *sauvegarder ses propres intérêts*. L'Allemagne et l'Angleterre s'observent à travers les négociations quotidiennes, et c'est la Triple Entente qui paraît devoir soumettre à la Triple Alliance un projet de médiation.

L'accord général pourra-t-il se faire ? Voici comment il se présente. « *La France ne veut pas la guerre, mais elle ne la craint pas* » a déclaré M. POINCARÉ dans son discours de Nantes. » « *La Russie est pacifique, mais non pacifique à tout prix*, a déclaré M. Sazonoff. » La Roumanie cache une mobilisation certaine contre la Bulgarie. Et les achats de charbon augmentent considérablement à Cardiff.....

2 novembre 1912.

La fin de la Turquie d'Europe ?

Mektoub ! Les destins de la Turquie d'Europe paraissent définitivement révolus. Aucune conception de politique orientale, aucune préférence d'ordre ethnique ne conservent de force devant la rapidité et la brutalité d'un effondrement qui n'est rien moins que la chute d'un Empire de plus de cinq cents ans d'existence et qui, lui-même, avait abattu et remplacé l'Empire d'Orient.

En un mois de temps, les armées alliées ont chassé l'armée turque de toutes ses positions de Thrace, de Macédoine et d'Epire. Seules, résistent encore, mais pour combien de temps ? les villes de Scutari, Janina et Andrinople. Les Grecs sont allés jusqu'à Salonique ; les Serbes sont entrés dans Monastir et se dirigent vers Durazzo, sur les côtes d'Albanie ; enfin, les Bulgares ont repoussé l'armée turque, en lui infligeant les désastres retentissants de Kirkilissé et de Lule-Bourgas, jusque derrière la ligne des forts de Tchataldja, suprême espoir de Constantinople.

Et, comme pour rendre cette chute d'un Empire à la fois plus retentissante et plus définitive, deux fléaux ont semblé vouloir s'abattre sur la Turquie, pour l'achever : le choléra et la politique révolutionnaire. Le premier a reculé devant les mesures d'assainissement prises par les Croissant-Rouge anglais et français ; le second ne paraît pas devoir résister aux mesures d'arrestations prises par le gouvernement turc contre ceux des membres du Comité *Union* et *Progrès* qui s'apprêtaient à déposer le Sultan pour proclamer la République.

Les faits historiques s'imposent par leur brutalité et renversent sans ménagement les habitudes de penser. On s'en aperçoit bien à cette heure, où la diplomatie a peine à les suivre, cherchant péniblement des solutions aux multiples problèmes d'une conquête, faite par des tiers, et qu'elle ne supposait ni si proche ni si aisée.

Les faits politiques et économiques, qui sont les composants du fait historique et qui l'éclairent pour en faciliter l'explication, s'imposent aussi par leur clarté et leur évidence, détruisant bientôt les effets d'une logomachie formulaire trop simple et d'ordre purement sentimental, comme il en fut pour le cliché : la croix contre le croissant.

Les esprits réfléchis, que cela avait pu impressionner, sont déjà revenus de cette formule. On s'est aperçu, même dans les milieux les plus catholiques, combien il était imprudent de confier un étendard religieux soit à un prince qui fut boycotté par les cours souveraines pour le soupçon, qui pesait sur lui fortement, d'avoir ramassé sa couronne dans le sang d'un roi et d'une reine, soit à un prince qui paraît s'inspirer, dans la conduite de ses sentiments religieux, beaucoup plus d'un opportunisme très intéressé que de l'esprit de foi proprement dit.

Si le principal organe catholique allemand, la *Germania*, a pu écrire, de son point de vue pangermaniste, les lignes suivantes :

Au point de vue de la civilisation, on peut se demander s'il faut se réjouir de la victoire des Bulgares. Il n'est pas facile de répondre à une telle question. Assurément, le Croissant est un intrus en Europe, mais ceux qui veulent se mettre à sa place ne sont guère recommandables. Personne ne saurait répéter sérieusement la phrase de la nouvelle croisade. Ce serait un médiocre bénéfice si les Slaves devenaient les maîtres des Balkans, surtout du point de vue allemand. Le panslavisme est un voisin dangereux pour l'Allemagne et l'Autriche-Hongrie.....

en France, M. DE MUN, à qui personne ne déniera le droit de parler du point de vue catholique, n'a pas hésité à calmer les emballements de ceux dont les conceptions tournent dans un cercle étroit, et il leur a adressé, dans l'un des remarquables articles qu'il publie dans l'*Echo de Paris*, la simple réflexion que voici :

Je ne m'attarderai pas à discuter s'il faut se réjouir ou s'affliger. Ce sont propos inutiles. On devine assez, d'ailleurs, les tendances naturelles de mon esprit, et les instinctives sympathies de mon âme, encore qu'à mes yeux ceux qui voient ici briller la flamme rallumée des Croisades se fassent quelque illusion sur les causes profondes de la guerre, et les pensées intimes des combattants. J'aperçois le soulèvement d'une race opprimée, qui veut résolument s'affranchir, et c'est bien assez pour justifier un élan du cœur, que, cependant, le péril du lendemain commande de modérer.

Il ne reste de cet emballement qu'une manifestation plus qu'intempestive, tout à fait déplacée même, à laquelle Mgr BOLLON s'est abandonné dans la cathédrale d'Alger, où, parlant à l'occasion de l'hommage national ménagé par le général Bailloud **aux morts de l'armée d'Afrique, parmi lesquels d'innombrables musulmans,** ce prélat peu politique a voulu, contrairement à l'Histoire, placer la conquête d'Alger sous l'étiquette de la lutte de deux religions.

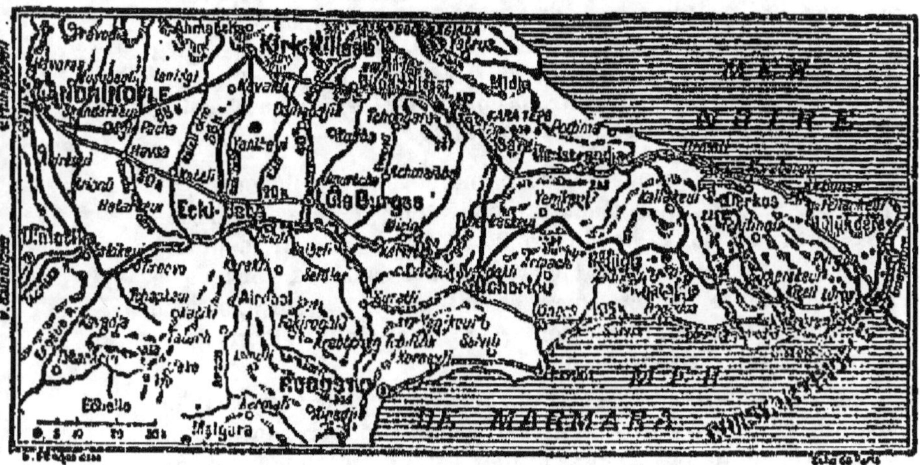

Le théâtre de la guerre en Thrace

Etait-il, ce prélat, dans l'esprit et les sentiments du chef de la religion catholique? Les instructions pontificales données à tous les missionnaires, et si bien suivies par les Jésuites de Beyrouth ou les Lazaristes de Perse, y semblent contredire. Y contredit aussi cette information de presse, en date du 20 novembre, qui vaut d'être reproduite intégralement :

Rome, 20 novembre.

Mohammed Ali Elmi bey, *l'un des chefs des Senoussia, la grande secte musulmane d'Afrique, qui était venu à Rome, la semaine dernière, a sollicité et obtenu, ces jours-ci, l'honneur d'une audience par le Pape.*

Si l'on excepte la délégation envoyée, il y trois ans, par le sultan Mehemet V, *on peut dire que c'est la première fois qu'une personnalité du monde musulman est reçue par* Pie X, *au Vatican. En sortant,* Mohammed Ali Elmi *était enchanté. A un journaliste qui l'interrogea, il se déclara « profondément touché de la grandeur de l'Eglise et de la simplicité du Pape ».*

Le Souverain Pontife lui ayant demandé quel était l'état d'esprit dominant chez ses coreligionnaires vis-à-vis des chrétiens, MOHAM-MED ALI lui déclara que les musulmans cultivés ont un grand respect pour la religion du Christ, qu'ils considèrent comme un grand pro-phète. Il ajouta que les Senoussis, particulièrement, s'honorent de pratiquer la tolérance : ils ne sont pas hostiles à la domination des chrétiens en Afrique.

PIE X exhorta son visiteur à répandre ces sentiments de tolérance au milieu des multitudes que leur ignorance rend fanatiques. Un détail curieux : PIE X reçut MOHAMMED ALI ELMI sans exiger qu'il enlevât le turban de sa tête. Le chef senoussia, de son côté, avait suspendu à son cou une croix, insigne d'une décoration abyssine, que le négus MÉNÉLICK lui avait accordée.

L'on ne peut s'empêcher de prendre acte, parallèlement, du geste du Sultan, interdisant la publication, dans les journaux turcs, de la proclamation du Cheik Ul Islam, visant la guerre sainte. Tant il est vrai que l'idée religieuse sauf aux yeux de la masse ignorante, est totalement absente de cette guerre, comme le démontre le moindre examen de la situation intérieure de la Turquie et de la situation internationale !

Et, chose étrange, parmi ceux-là même qu'on supposait les ardents amis des Turcs pour les conseils d'incroyance totale qu'ils avaient donnés à ceux-ci, il en est un grand nombre qui ont oublié les bases de la politique française en Orient depuis FRANÇOIS Iᵉʳ, et qui, probablement pour n'avoir plus à soutenir le protectorat catholique de la France, ont mieux aimé voir dis-paraître un Empire à l'égard duquel ce protectorat s'exerçait, non sans profit pour les intérêts matériels de la France.

En sorte que, ceux qui pèsent ou mesurent la politique exté-rieure de la France au degré d'anticléricalisme de son gouver-nement, étaient portés à démolir d'un geste la politique tradi-tionnelle de la France vis-à-vis du Grand Turc, tandis que nous, qui ne sommes anticléricaux — dans le mauvais sens de ce mot — ni contre nos concitoyens, ni contre les adeptes de la religion de Mahomet, nous accordons sans peine 'a vieille politique du Pro-tectorat français d'Orient avec le respect de tous les Musulmans.

La situation internationale

Ceux-là se trompent donc étrangement qui ont cru pouvoir, dans leurs écrits et leurs dires, simplifier à l'extrême la portée des événements qui se déroulent sur les terres classiques de la

Macédoine, de la Thrace ou de l'Epire, jusque sur les bords du Bosphore, carrefour de l'Europe et de l'Asie. Ce n'est rien moins, en effet, qu'un changement profond de l'équilibre européen qui se prépare, et l'on conçoit qu'un tel bouleversement de la géographie politique en Orient ne puisse se réaliser sans luttes sanglantes. On en a fait la remarque à propos du récent Congrès de Bâle, où la social-démocratie internationale a essayé de maudire la guerre, et d'abolir la guerre en instituant une autre forme de la guerre ! Ici, ce ne sont pas les gouvernements qui se battent : ce sont les peuples, et les gouvernements ne font que les conduire, en y apportant l'effort de leurs conceptions politiques ou économiques.

Voyons-les à l'œuvre, rapidement, les uns et les autres.

La lutte séculaire des races en présence a pu trouver de nouveaux motifs d'explosion dans les longues erreurs, voire les crimes, d'un Padischah absolutiste dont le Michel allemand avait fait son ami intime — ce qui empêcha l'Europe d'obtenir les réformes qu'elle avait approuvées de sa signature — et dans les fautes lourdes d'une Turquie constitutionnelle qui a cru pouvoir, sans transformer les cadres locaux, modifier, sous une apparence de parlementarisme, les mœurs politiques et administratives d'un Etat multi-composite. Mais les raisons efficientes du formidable conflit étaient ailleurs. La carte publiée le mois dernier permettait de les préciser avec une approximation suffisante. Elles apparaissent aujourd'hui avec une évidence plus grande.

D'un côté, une Bulgarie désireuse d'aller vers la mer Egée pour mieux se libérer de la sujétion des fameux détroits, et une Serbie fatiguée de subir la politique austro-hongroise du cadenas économique successivement ouvert ou fermé. A côté de ces deux Etats, une Grèce ambitieuse de reprendre un rôle méditerranéen depuis longtemps interrompu, et un Monténégro à l'étroit, peut-être, dans ses frontières peu étendues, ou, plus probablement, voué à la politique d'hégémonie adriatique poursuivie par l'Italie, qui accepta comme reine l'une de ses princesses. Et, d'un autre côté, face à cette coalition, une Turquie désemparée par une politique révolutionnaire et affaiblie par une révolte intérieure et une guerre extérieure.

Mais, derrière ces intérêts immédiats, deux grands courants de politique internationale, venant à la rencontre l'un de l'autre, prêts à déborder du cadre actuel des opérations et menaçant d'anéantir peut-être dans un choc épouvantable les vainqueurs

et les vaincus de l'heure présente. En d'autres termes, le slavisme près d'entrer en conflit avec le germanisme, qui pousse
devant lui la monarchie dualiste d'Autriche-Hongrie.

Ceux-là sont en droit de soutenir leurs dires, qui veulent
voir dans ces faits la promesse d'un équilibre européen nouveau,
établi au profit des puissances pacifiques de la Triple-Entente et
au détriment de la puissance germanique à qui l'Europe doit la
politique des armements à outrance et celle du chantage international poursuivi à coups de poing sur la table. Mais l'établissement de ce nouvel équilibre n'irait pas sans les risques formidables d'une conflagration générale qui ensanglanterait le vieux
monde.

Il faut voir ces choses dans toute leur force et leur netteté,
si l'on veut en distinguer toutes les conséquences proches ou
lointaines, et qui conduisent la spéculation diplomatique des
champs de bataille de la Turquie d'Europe à ceux de l'Europe
centrale... ou à ceux de la Turquie d'Asie.

Si la Russie appuie la Serbie qui relève du slavisme,
l'Autriche, elle, tapie derrière les combattants, et comprenant
que les chemins de la mer Égée lui sont définitivement fermés,
entend se réserver pour un avenir plus ou moins proche les
côtes turques de l'Adriatique, que l'Italie vient lui disputer
aussitôt.

Et l'on aperçoit sans peine le jeu des alliances derrière les
deux puissances les plus intéressées. En vertu des traités exis-
tants, les deux grands groupements européens se meuvent à la
recherche des solutions les moins dangereuses. Mais l'antagonisme des intérêts actuels ou d'avenir est tel, que, là encore, la
puissance des faits emporte les diplomaties, et que celles-ci se
voient dans la nécessité de parer à tous les imprévus par des
mesures très graves qui risquent, on l'a fort justement dit, de
précipiter les catastrophes au lieu de les écarter. On le sait, les
marines achètent du charbon, l'or se resserre dans les banques
et chez les particuliers, et à la mobilisation autrichienne, qui
n'est peut-être qu'un moyen risqué de pression sur la Serbie,
répond une mobilisation russe exécutée avec sang-froid et
fermeté.

Là, encore, la France a joué son rôle modérateur de puissance vraiment civilisée. La proposition de « *désintéressement
territorial* » faite par M. Poincaré aux grandes puissances devait
être de nature à les rallier toutes dans un but de sauvegarde

réciproque. Il n'en a pas été ainsi. N'est-ce pas, précisément, parce que l'ordre de choses nouveau qui semblait devoir être la consécration des succès militaires de la coalition balkanique menaçait de faire pencher la balance en faveur du groupe de la Triple Entente ? Il y paraît bien. Car aux raisons de non-acceptation que l'Autriche peut tirer des profits qu'elle pouvait calculer sur la maîtrise du marché balkanique, et aux raisons que l'Allemagne peut avoir de redouter l'échec des projets d'avenir qu'elle avait accrochés aux wagons allemands du chemin de fer de Bagdad, s'en ajoutent d'autres qui se déduisent du point de vue plus immédiat d'un renversement des rôles en Europe même, la Triple-Alliance étant menacée de voir décroître sa puissance.

La Confédération balkanique

Qu'est-ce, en effet, qui vient de naître ? Une confédération de peuples capable de mettre en ligne 1.200.000 baïonnettes. Tout le problème est contenu dans ce chiffre, du moins en ce qui concerne l'équilibre européen proprement dit. Et, entre ceux qui m'ont fait l'honneur de m'écrire des objections à mon dernier article, et dont quelques-uns, des amis, m'ont appelé « vieux Turc », alors qu'il me suffit d'être Français et indigènophile, et moi ou ceux qui ont publiquement regretté la disparition de la Turquie d'Europe, toute la question est de savoir si la France perd ou gagne au change ; en d'autres termes, si la confédération balkanique tiendra avantageusement pour nous lieu et place de la Turquie, étant admis que celle-ci pouvait être soustraite un jour à la tutelle dangereuse de l'Allemagne et régénérée ou réorganisée suivant les plans anglo-franco-russes ?

Sans doute, les puissances balkaniques doivent beaucoup à la France. Elles ont usé de ses capitaux, comme la Turquie, du reste, et dans les mêmes proportions. Et l'on a pu écrire que les victoires bulgares ou serbes étaient des victoires françaises tant à cause de l'écrasante supériorité des canons français sur les canons allemands qu'à cause des succès obtenus par les élèves des généraux Langlois et de Lacroix contre les élèves du maréchal Von der Goltz. Mais il s'agit ici de reconnaissance politique. Or, si l'on peut être en droit de compter sur la reconnaissance des peuples, il n'en est pas de même de la reconnaissance des gouvernements. La France, en particulier, a enregistré à ce point de vue de trop fortes déceptions pour que nous n'hésitions pas, si force nous est de nous incliner devant les faits, à leur donner notre plein et définitif acquiescement. Mais les intérêts se déplacent, ou on les envisage d'une autre manière. Et l'on peut être assuré que si la Confédération balkanique aperçoit, un jour prochain, un intérêt quelconque à oublier ses sentiments actuels elle n'hésiterait pas à le faire. Le roi Ferdinand lui-même, ou le roi Pierre n'en éprouveraient aucun scrupule.

L'AIGLE BALKANIQUE
(Le Punch.)

Il semble tout naturel, après les retentissants succès des armées alliées, d'employer cette expression de « Confédération balkanique », actuellement juste. C'est, du reste, celle qui est couramment employée par le ministre serbe, M. Pachitch, dans toute une série d'entretiens assez sensationnels. Par contre, le roi Ferdinand et ses ministres sont d'une discrétion qui peut donner à réfléchir.

M. Pachitch a raconté la genèse de cette coalition :

Le projet d'une confédération balkanique, *m'a déclaré le premier ministre serbe*, remonte à 1908, lors de la crise bosniaque. Divisés les uns contre les autres, les Etats balkaniques n'avaient guère chance de jouer le moindre rôle dans la péninsule, où l'Autriche, au contraire, ne pouvait que rester forte, en appliquant son vieux principe : Divide et impera ».

L'accord projeté vit le jour dès 1909. Son existence resta, pendant trois ans, un secret pour l'Autriche et pour l'Europe, qui ne furent mises en face du fait accompli que quelques semaines avant le commencement des hostilités.

Sur quels faits ou quels principes solides est basée la constitution de ce groupement ? M. Bianconi, ingénieur-géographe, qui, dans des situations officielles, a acquis une longue expérience des pays balkaniques, l'a exposé dans l'*Eclair* avec, à l'appui, une carte ici reproduite. Quelques-unes des explications de son auteur méritent d'être reproduites :

Les revendications des races balkaniques avaient jusqu'ici donné lieu à des contestations très vives principalement entre Bulgares et Grecs : des divergences, moins grandes il est vrai, existaient aussi entre Serbes et Bulgares, le tout, au sujet de la prédominance de chacune de ces races en territoire ottoman. Ces contestations étaient inévitables, car les races bulgare, serbe, grecque et albanaise s'entrecroisent et se mêlent ensemble, principalement dans le centre de la Macédoine.

Les cahiers des revendications, présentés au Congrès par les délégués de Serbie, de Grèce et de Monténégro ainsi que par l'Exarchat bulgare représentant l'élément bulgare, appuyaient leurs prétentions sur les travaux et écrits des voyageurs et géographes dont l'impartialité était hors de doute. Les travaux invoqués étaient ceux de Kiepert, Allemand ; Ubucini, de Constantinople ; Stamford, Anglais, et le signataire de cet article, Français. Les travaux de celui-ci et ceux de Kiepert furent seuls retenus. Cependant la plaidoirie des deux géographes ne servit pas à grand chose et les espérances déçues des petits Etats furent ajournées.

Cependant, c'est sur la base de leurs statistiques et leurs travaux ethnographiques, que l'accord tant désiré s'est enfin établi, il y a deux ans, entre les quatre Etats. Grâce à l'intervention de la Russie, de l'Italie et surtout du roi de Monténégro, la coalition était faite et les limites des territoires habités par les chrétiens de leur race respective établies définitivement. Ce sont, à très peu de chose près, celles qui figurent sur la carte que publie aujourd'hui l'*Eclair*.

En ce qui concerne les Albanais, leur désir, en 1879, 1880 et 1881, de se soustraire à l'autorité ottomane ou d'obtenir tout au moins une autonomie suffisante était tel que musulmans et chrétiens catholiques, c'est-à-dire Arnaoutes et Begs d'une part, et les Mirdites et les Malissi ou Malissors d'autre part, se liguèrent et élirent pour chefs, ODO-BEY pour les musulmans, et BIB-DODA, pour les chrétiens.

Ils guerroyèrent contre les Turcs et ceux-ci eurent fort à faire pour les réduire : mais, préalablement, un accord était intervenu entre eux, le Monténégro et la Serbie, puis avec la Bulgarie et la Grèce au sujet de la répartition des territoires et autres sphères d'influence.

Fort bien. Mais si ces accords ont témoigné de leur force pendant la guerre, malgré quelques incidents, tel celui de l'entrée des Grecs à Salonique, il reste à savoir si la conclusion d'une paix probablement prochaine et l'établissement des nouvelles frontières ne seront pas l'occasion de tiraillements par quoi serait compromise la bonne harmonie de la nouvelle Confédération. Il ne peut suffire que le roi FERDINAND ait l'ardente ambition d'en être le premier chef sous un nom et un titre nouveaux. Sa prudence le fait hésitant entre une Roumanie qui demande sous forme de rectification de frontière le paiement de sa neutralité et une Serbie à qui des besoins supérieurs de liberté politique font une obligation de braver la menace autrichienne. Il lui sera fort difficile, en présence d'une telle pression qui ne tend à rien moins qu'à soumettre à une nouvelle conférence internationale l'enregistrement des conquêtes chèrement payées, d'évoluer pour éviter cette Conférence, traiter avec la seule Turquie et soutenir sans danger les ambitions de son partenaire serbe. La nécessité de maintenir l'union *dans la paix comme dans la guerre* est évidente pour les Etats balkaniques. Mais il faut croire qu'elle n'est pas pleinement assurée d'avance, puisque on juge nécessaire de la conseiller, comme il a été fait dans un Bulletin du *Temps* en date du 3 novembre :

Les Etats balkaniques ont, dans ces conditions, un devoir à remplir : c'est de maintenir intacte leur union. Pendant de longues années, cette union a été jugée impossible. Quelles que fussent les haines turco-chrétiennes, elles semblaient dépassées par les haines de chrétiens à chrétiens. Lisez les journaux d'il y a dix ans : la Macédoine était un champ de bataille où Grecs, Bulgares et Serbes s'entre-déchiraient, faisant le jeu des Turcs. Par un méritoire effort de volonté, les intérêts communs ont été dégagés et, au mois d'avril dernier, les signatures ont été échangées. Quand la mobilisation concertée a été annoncée le premier octobre, beaucoup ont dit : « Seuls, les Bulgares marcheront. » Tout le monde a marché, —

Plans de partage de la Turquie par les puissances balkaniques

...rte des revendications territoriales ethniques par les quatre Etats balkaniques coalisés d'après les cahiers présentés par chacun d'eux au Congrès de Berlin et modifiés par l'accord intervenu entre les quatre Etats en 1910, par F. Blanconi, ingénieur-géographe.

...RBIE. — S'étend au Sud et au Sud-Ouest : rive droite du Dim et régions de Novi-Razar, Priobtina, Prizrend, Uskub, Koumanova et Vélès, Divra et Durazzo.

...ONTÉNÉGRO. — S'étend au Nord et au Sud : rive gauche du Dim, région de Scutari et de la Mirditie jusqu'au port de Liech.

...ULGARIE. — S'étend au Sud et au Sud-Ouest : de Terzané, sur la mer Noire, descend jusqu'à l'Erguéné et la rive droite de la Maritza, prend le littoral de la mer de l'Archipel jusqu'au lac de Sérès, remonte au lac de Dorian, puis se dirige sur Kastoria, puis à Ochrida, rejoint les limites accordées à la Serbie.

...RCE. — S'étend au Nord : l'Epire jusqu'à la Voïoussa, descend à Argyrocastro et se dirige sur Kastoria ; de là, à l'Est, jusqu'aux limites des territoires accordés à la Bulgarie, comprenant Salonique. Dans la mer de l'Archipel : l'île de Crète avec les petites îles qui en dépendent.

*et si vigoureusement que partout les Turcs ont reculé. Aujourd'hui
la question se pose encore et c'est pourquoi, à deux reprises, depuis
huit jours, les gouvernements balkaniques ont déclaré à diverses
grandes puissances qu'ils ne négocieraient que collectivement. Ils
se préoccupent qu'on ne puisse douter de leur solidarité. Ils affir-
ment cette solidarité, et sans nul doute, ils ont raison de l'affirmer.
Car si une fissure apparaissait dans l'entente, les résultats politiques
seraient certainement inférieurs aux résultats militaires.*

Car la fissure paraît devoir se produire à l'occasion du problème albanais qui paraissait être mis à part dans la carte de
M. Bianconi, mais que les faits successifs de la guerre en Macédoine ont placé au premier plan. La Serbie s'installera-t-elle à
Durazzo, au prix d'un partage de l'Albanie entre elle et la Grèce?
Ou bien l'Autriche et l'Italie exigeront-elles, au besoin, par les
armes, l'autonomie de l'Albanie, la Serbie n'ayant plus qu'un
débouché maritime à Saint-Jean de Medua, où l'Autriche continuerait à la contrôler économiquement? Voilà le problème actuel,
sans qu'il y ait lieu de rechercher ici ce que deviendra, entre
l'Italie et l'Autriche, cette pomme de discorde qui s'appelle :
Albanie.

Le problème albanais

A vrai dire, si la Serbie semble être la seule intéressée dans
le problème Albanais, puisqu'on ne parle que d'elle seule en
Autriche, il n'en est pas moins que le Monténégro et la Grèce
sont, comme elle, parties prenantes. Mais l'action de la Serbie,
si elle triomphe, doit décider du sort de cette province turque.
Qu'elle occupe Durrazzo et s'y maintienne malgré l'Autriche,
aussitôt le Monténégro reçoit le vilayet de Scutari et la Grèce
celui de Janina, puisque c'est entre ces deux vilayets et celui de
Kossovo que la géographie politique répartit l'Albanie, sans
qu'elle ait pu jusqu'ici en tracer nettement les limites. Ce qu'on
en sait de plus clair, c'est que c'est de ces trois vilayets que le
sultan Ab-ul-Hamid faisait venir ses redoutables gardes du corps,
lesquels lui vendaient leur fidélité au prix de la plus grande
liberté de massacrer dans leur pays et de faveurs administratives
sans nombre.

Deux principaux groupements ethniques se partagent ce
pays : les Malissores, chrétiens orthodoxes, au nombre d'environ
200.000 sur lesquels l'Autriche exerce une sorte de protectorat

religieux, et les Arnautes musulmans, au nombre d'environ deux millions.

Dans l'Albanie, comme dans tout le reste de la péninsule balkanique, sauf sur les points où la concentration d'un peuple a pu s'effectuer sous l'impulsion d'un gouvernement fort, les races et les religions sont inextricablement mêlées. Voici, par exemple, comment M. J.-L. JARAY décrit, dans le *Correspondant*, le pays d'Uskub :

> Nous faisons en ville quelques visites. Uskub est un vrai carrefour de races, situé au confluent des courants d'expansion serbe, bulgare et albanais. Il semble certain que c'est actuellement ce dernier qui l'emporte. D'après de bons observateurs locaux, Uskub compterait environ 45.000 âmes ; sur ce nombre, on peut évaluer les musulmans, presque tous Albanais, à 25.000, les Bulgares à 10.000 ou 15.000, les Serbes à 3.000, les Juifs à 2.000, et, si l'on ne veut pas oublier toute la variété des types qu'on y rencontre, il faut encore mentionner des Tziganes, des Grecs, des Italiens et des Occidentaux. Aux environs, la confusion des nationalités est plus grande encore ; si l'on visite les villages de la plaine d'Uskub et qu'on interroge les habitants, on trouvera les variétés les plus curieuses, propres à détruire les idées toutes faites ; voici un village chrétien, on y parle un dialecte albanais, son pope est orthodoxe et dépend de l'exarque ; si on demande aux gens de ce village ce qu'ils sont, ils répondront : nous sommes Bulgares. Voici un autre village : les paysans sont musulmans, leur langue est le slave-bulgare, le type physique est albanais et ils se disent Albanais ; à côté, d'autres cultivateurs se disent aussi Albanais, mais ceux-là sont orthodoxes, relèvent de l'exarchat et parlent le bulgare.

> Cette plaine d'Uskub a été et est le lieu de rencontre et de lutte des migrations de peuples ; l'alluvion que ces courants y ont déposée en se heurtant est d'une infinie variété ; des types s'y dégagent peu à peu ; l'action politique, l'assimilation par le plus fort, le souvenir des ancêtres, la réaction ethnique, l'éducation de l'école et de l'église se mêlent, se confondent ou entrent en lutte, jusqu'à ce qu'un des éléments prédomine. A ce point de vue, la plaine d'Uskub est le vrai cœur de la Macédoine.

Mais, voilà ! Uskub, placée dans le vilayet de Kossovo, appartient-elle à l'Albanie où à la Macédoine ? Et si elle doit être englobée dans la première, l'interdiction autrichienne, qui vise spécialement Durazzo et Vallona, s'étendra-t-elle à Uskub ? C'est peu probable. Alors la thèse de l'indépendance albanaise soutenue par l'Autriche n'est plus entière ? A ce que J. ANCEL appelait

« le casse-tête macédonien » va donc succéder « le casse-tête albanais ».

Pour qu'un pays ait droit à l'indépendance, faut-il qu'il représente un certain degré d'unité ou qu'il remplisse les conditions qui président à la formation des nationalités. M. René Pinon semblait bien dénier ce droit à l'Albanie, qui écrivait, il y a cinq ans :

> A peine peut-on dire que l'on trouve chez les Albanais trace d'une conscience nationale. Ils ne forment pas un peuple..... Trois cultes, pas de langue commune, plusieurs dialectes différents, les hommes et les femmes presque tous illettrés, une vie et des habitudes de sauvages, à la fois bergers, chasseurs et brigands, ce sont là des conditions qui rendent très difficile la constitution d'un peuple conscient de son unité et le succès d'une propagande nationale.

Cependant, un chef Albanais, Ismaïl Kemal bey, soutient le contraire. Voici comme :

> Les Albanais sont restés fidèles à la Turquie jusqu'au dernier moment, mais aujourd'hui où on se trouve en face de la décomposition de l'empire ottoman, les Albanais ne peuvent plus penser qu'à leur indépendance. Ils emploieront toutes leurs forces pour répondre aux attaques des Monténégrins, des Serbes ou des autres peuples balkaniques contre leurs territoires et leur indépendance nationale. Si les effectifs albanais ne pouvaient suffire à repousser les attentats injustes et en contradiction avec les principes sur lesquels les peuples balkaniques basent leurs prétentions, les Albanais espèrent que les nations civilisées et particulièrement les puissances qui, par leur situation géographique, sont intéressées au maintien de l'ordre dans les Balkans, reconnaîtront la nécessité de nos efforts. Mais si les Albanais devaient être maltraités, ils sont décidés à se montrer intraitables pour faire triompher leurs droits. Si la diplomatie ne reconnaît pas tout de suite les droits des Albanais, le temps devra les leur reconnaître plus tard. La Serbie n'a aucun droit à s'avancer jusqu'à la mer et à démembrer l'Albanie. Si l'Europe restait sourde au desiderata des Albanais contre un pareil attentat, les Etats balkaniques ne manqueraient pas de ressentir les effets d'une pareille injustice.

Suffira-t-il de son action personnelle, plus connue sans doute dans quelques chancelleries que dans son propre pays, pour que triomphe la cause d'une Albanie plus ou moins indépendante ? Cela paraît douteux, la thèse serbe étant celle-ci, définie par M. Pachitch, au cours d'un entretien :

Ceux qui croient que la paix puisse être assurée par la création d'une Albanie autonome se trompent. Ils n'ont pas bien apprécié la possibilité d'une communauté d'Etat pour les diverses tribus albanaises ; ces tribus vivent encore d'une vie primitive et sans culture ; elles sont ennemies les unes des autres, et de temps immémorial elles n'ont eu dans l'Histoire aucune vie politique commune. Elles ne peuvent maintenant non plus former un Etat capable d'assurer un développement pacifique à cette partie des Balkans. Ces tribus sont divisées en trois religions : musulmane, catholique, orthodoxe ; elles n'ont ni littérature, ni le même alphabet ; il est évident qu'elles ne peuvent pas avoir de développement indépendant. Leur contrée, si elle obtenait l'autonomie, deviendrait le théâtre d'agitations rivales, un terrain voué à la lutte des intérêts entre Etats serbe, bulgare, grec, italien, austro-hongrois. Au lieu de servir à l'apaisement, l'autonomie albanaise créerait un foyer de troubles et de conflits. Aussi la meilleure solution serait-elle d'appliquer aux Albanais le même traitement qu'au moyen âge : ils firent alors partie des Etats byzantin et serbe, sans avoir des privilèges spéciaux, mais leur individualité et leur langue étaient respectées. La Serbie et la Grèce sont aujourd'hui des Etat constitutionnels jouissant de grandes libertés civiles et politiques ; les Albanais en Serbie et en Grèce profiteraient de ces libertés, tout en ayant leurs institutions scolaires et religieuses qu'ils administreraient eux-mêmes.

Car les Serbes réclament, historiquement, l'Albanie comme le berceau de l'Etat serbe. Le *Temps*, dans son Bulletin du 20 novembre, précisait : « Scutari a été la première capitale de la Serbie. Durazzo était un port serbe au XII⁰ siècle. Tous les monuments de la région sont d'origine serbe, œuvres d'une reine, fille de l'empereur BAUDOIN, qui s'intitulait « reine de Serbie, de Dioclétie, d'Albanie, d'Herzégovine, de Dalmatie et des régions maritimes ». L'empereur DONCHAN, dans son code fameux, parle de ses sujets albanais. A une époque toute récente, les pachas indigènes de Scutari et de Durazzo prétendaient descendre des dynasties serbes... »

L'embarras est grand : choisis si tu peux, et décide si tu l'oses !

Car, au moment de choisir et de décider, l'Autriche s'entendra objecter, à côté des besoins économiques évidents de la Serbie, le reproche justifié d'avoir fait obstacle à l'introduction dans les vilayets albanais des réformes déjà commencées en Macédoine.

D'un côté, donc, la Serbie, la Grèce, le Monténégro, soutenus par la Bulgarie et la Russie, tous les cinq désirant ou admettant le partage de l'Albanie. De l'autre côté, opposées à ce partage, l'Autriche et l'Italie qui, elles-mêmes, se disputent cette province et ses centaines de kilomètres de côtes sur l'Adriatique. Et, derrière ces deux groupements, tout le jeu des alliances européennes, avec cette atténuation cependant que les partenaires respectifs de l'Autriche et de la Russie, la première très excitée par le renversement de ses plans balkaniques, la seconde très calme et satisfaite de voir venir la revanche de l'annexion de la Bosnie, s'efforcent, chacun du point de vue de ses propres intérêts, d'aplanir les difficultés et d'apaiser le conflit menaçant. En Allemagne, M. THÉODORE WOLFF écrit dans le *Berliner Tageblatt :*

Nous soutenons l'Autriche-Hongrie, mais nous ne la comprenons pas. Elle a perdu le sandjak et la route de Salonique ; qu'importe si, au large manteau que les alliés se sont taillés, ils ajoutent encore quelques pièces !... Nous souhaitons à l'Autriche-Hongrie un succès incontestable dans la question des ports ; mais vraiment, on a donné le manteau, et on se dispute pour un bouton !

L'image est amusante ; mais elle ne donne pas la clef de tout le jeu allemand.

Ah ! que nous sommes loin de cette simplification formulaire extrême du problème balkanique : la Croix contre le Croissant. Peut-il se trouver encore d'éminents journalistes comme M. JUDET pour employer ce cliché purement littéraire ? Il dépare singulièrement leurs études. En tout cas, nous verrons que plus vont les événements et plus on s'éloigne de cette formule.

L'armée turque

Revenons à la stupéfiante défaite des troupes turques. On n'attend certainement pas de l'auteur de ces lignes qu'il s'abandonne au jeu puéril des pronostics après coup. Tel publiciste s'étonne qu'on ait pu croire à la solidité de l'armée turque ; il serait bien en peine de donner les raisons valables d'une opinion en contradiction si forte avec celle des techniciens qui passent leur vie à recueillir les éléments d'appréciation sur la valeur d'armées qui peuvent se trouver un jour en présence. Nous cherchons l'explication vraie d'un fait historique, et nous écartons toute passion de cette recherche, sans déguiser, du reste, le point de vue d'où nous dirigeons nos investigations.

Une première constatation s'impose, à savoir que la Turquie, jusqu'au dernier moment, a fait confiance à l'Europe, et plus spécialement à l'Allemagne. D'où absence de toute préparation sérieuse, rendue déjà difficile par les nécessités militaires qui s'étaient fait sentir dans d'autres parties de l'Empire : Arabie, Tripolitaine. Un correspondant de l'*Echo de Paris*, M. GEFFRYER, qui s'est fait remarquer par le sérieux de ses correspondances, relève fort justement ce fait dans une étude datée du 11 novembre :

Vous représentez-vous l'état d'esprit général des campagnes, en France, lorsque le gouvernement convoquerait plusieurs classes de la réserve pour la troisième fois depuis quatre ans, afin de porter la guerre au loin ? Quel que soit le patriotisme de notre race, estimez ce que serait la situation précaire des campagnes.

Pas de préparation sérieuse, et donc : effectifs réduits, troupes mal instruites et mal entraînées, approvisionnements en munitions et vivres insuffisants, fortifications mal entretenues, services de l'arrière et des ambulances incomplets ou non organisés ; voilà pour le côté matériel d'opérations de guerre auxquelles on n'avait pas voulu croire, à cause même de la situation internationale de l'Empire... **l'intégrité de l'Empire ottoman !** axiome diplomatique.

Pas de préparation, et donc résistance très diminuée en face d'une coalition qui a pris l'avantage d'une offensive vigoureuse, préparée de longue main et exécutée par quatre cheminements convergents. Ajoutez à cela, à l'actif des coalisés, un armement et une tactique supérieurs dont il sera parlé plus loin, à propos du rôle de l'Allemagne.

Mais la faiblesse matérielle de l'armée turque aurait pu être surmontée ou compensée, si les forces morales s'étaient trouvées au même diapason que celles des armées alliées.

L'offensive foudroyante a eu ses effets démoralisateurs désormais calculés par tous les hommes de guerre. Et si l'on note que les souffrances de la faim ont apporté leurs effets d'affaiblissement et de découragement, on a l'explication de défaites que le nombre et le courage incontesté des soldats turcs rendait plus qu'improbables dans les conditions d'une guerre normale.

Et qui sait si les premières débandades ne furent pas provoquées par des Ottomans non Musulmans, véritables traîtres et transfuges, à leur honte individuelle et à celle même du pays dont ils se réclamèrent, bien plus encore pour fuir les risques de la bataille et les fatigues d'une campagne, que pour soutenir la cause d'opprimés qui n'étaient pas leurs frères. Tels ces 500 Grecs servant dans l'armée turque, ayant déserté et qui furent incorporés comme réservistes dans l'armée hellénique : Ottomans, tant que leurs intérêts de négoce les tenaient sur les bords du Bosphore ou du Vardar, et vivant du Turc sous sa protection. Quelle plume éloquente stigmatisera leur trahison ? Cette constatation n'est pas une des moindres raisons qui guide ma sympathie vers les Turcs, et si l'on voulait encore nous parler de Croisades, je mettrais en balance, pour les glorifier, la fidélité et le dévouement de nos sujets et protégés musulmans, depuis les champs de bataille de la frontière de l'Est jusqu'à ceux du Maroc. Me solidariser avec de tels chrétiens dont le nom a servi à désigner les joueurs indélicats, ah ! non ! J'en aurais honte !

Préparation insuffisante ? La raison la plus forte a été donnée par un colonel du 2ᵉ corps turc, commandé par CHEVKET TORGHOUT, parlant au correspondant de l'*Echo de Paris* (17 novembre) : « Ah ! disait-il, *si nous n'avions pas libéré vers le 15 septembre les 130.000 hommes de 3 ans que nous avions sous les drapeaux, croyez-vous que les 70.000 qui tenaient garnison en Europe ne se seraient pas mieux battus que ces malheureux ?* Les techniciens ont déjà vu là non seulement l'explication d'une partie des faits de guerre malheureux, mais encore la raison déterminante de l'attaque brusquée des armées alliées. On en peut, sans être technicien, apprécier l'importance en se rappelant le vif mouvement d'inquiétude qui se produisait en France, l'an dernier, pendant la tension franco-allemande, quand l'opinion réclama le maintien sous les drapeaux de la classe devenue libérable.

Notre recherche serait incomplète et partiale, si je passais sous silence une des causes intérieures de la non-préparation de la Turquie, je veux dire les malfaisances de l'action politique sur l'armée.

Je suis bien à mon aise pour en parler, car si nous avons, mes collaborateurs et moi, applaudi à la Révolution de 1908, par contre nous avons regretté qu'elle fût baptisée à sa naissance par M. PELLETAN, et nous avons désapprouvé à plusieurs reprises la tendance de certains de nos confrères à pousser les musulmans dans les Loges où les démolisseurs paraissent plus nombreux que les constructeurs. Les événements prouvent que l'action des Loges de Salonique aura été néfaste à la Turquie. M. Lauzanne, du *Matin*, a donné d'humoristiques précisions.

Quand je demande des détails sur Abdullah pacha, commandant en chef de l'armée de l'est, on me dit :

— Comment, vous ne savez pas ? Mais c'est lui le grand chef de la ligue militaire !

Et quand je me renseigne sur Zekki pacha, qui commande trois corps d'armée dans la région d'Uskub, on me répond :

— Mais Zekki pacha était auprès de Mahmoud Chevket pacha et en tête de l'armée révolutionnaire de Salonique quand cette armée vint à San-Stefano secourir le Parlement et détrôner Abdul Hamid.

Et l'on m'apprend encore qu'Aziz pacha, relevé de son commandement pour insuffisance notoire le jour de la panique de Kirk-Kilissé, est le soutien fidèle du comité Union et Progrès, et que ce comité n'ayant pas pu obtenir pour lui le commandement de la division de cavalerie d'Andrinople lui a fait donner le commandement d'une autre division en Thrace.

On me montre tel colonel qui, aux jours de la révolution, prononça telle célèbre harangue, et tel commandant qui est l'espoir du parti jeune-turc, et tel capitaine qui se distingue par ses opinions réformatrices.

Ces faits ont eu leurs censeurs. Parmi ceux-ci, le plus sévère a été, sans conteste, M. Pelletan, celui-là même qui s'en fut à Salonique donner des leçons de gouvernement aux Jeunes-Turcs. Ainsi s'exprime l'ancien ministre :

Les malheurs de l'empire ottoman et l'affaiblissement de ses armées ont d'autres raisons que les raisons exclusivement militaires.

Il ne semble guère contestable que l'introduction de la politique dans les choses de l'armée n'ait joué un rôle important dans la désorganisation des troupes et dans l'abaissement de leur esprit guerrier.

..... Des avancements purement politiques, qui aux plus capables substituent les favoris ; des gaspillages financiers qui dévorent les ressources de la défense ; un relâchement mortel de la discipline et des mœurs militaires sont notamment parmi les vices inévitables d'un tel régime.

Évidemment ! Mais nous avons connu, en France, de tels méfaits, dont M. Pelletan fut l'artisan dans la marine, tandis que le général André l'était dans l'armée, et il vient de mourir un général, le général Tournier, homme de haute valeur, dont le commandement se trouva un jour à la merci d'un bottier de régiment !

Et quant aux gaspillages ou aux imprévoyances dans la préparation du pays, il suffit de se rappeler que l'alerte de 1905, pour ne citer que celle-là, coûta 400 millions au pays, en réparation des fautes qui trouvent M. PELLETAN, coupable, si sévère aux Turcs qu'il flattait en 1908. Ces constatations nous font plus indulgents et tout aussi apitoyés.

Et malgré tout, malgré la politique, malgré la désorganisation et l'insuffisance de préparation, malgré l'absence d'un vrai commandement, malgré les affres de la faim les Turcs se sont souvent fort bien battus. Et si l'on a rencontré des fuyards qui n'avaient pas mangé depuis cinq jours, quoi d'étonnant que la bête humaine se soit réfugiée dans la fuite à la recherche du pain dont, en Turquie, elle sait se contenter.

Les tableaux de guerre des correspondants de presse sont émotionnants au plus haut point et, enregistrant de grandes défaites, rendent hommage cependant à la valeur du soldat méconnu ou abandonné par ses chefs politiciens.

Là-dessus, un témoignage bulgare tient lieu de tous les autres ; en voici l'analyse :

Dans un article intitulé : « Pourquoi nous avons vaincu », le *Mir*, qui est un des principaux journaux de Sofia, s'élève contre l'opinion, fort répandue à l'heure actuelle, d'après laquelle les Turcs ont été lâches. Les Bulgares, expose ce journal, ont été victorieux, notamment parce que le soldat bulgare est plus intelligent et plus instruit que le soldat turc, qu'il est, par conséquent, plus capable de se servir des engins modernes ou de les utiliser. Il ne faut pas oublier qu'il y a 6 % seulement d'illettrés parmi les troupes bulgares et que le soldat bulgare est mieux trempé moralement, et mieux préparé par l'éducation reçue à l'école et à la caserne à l'accomplissement du devoir patriotique.

Mais les Turcs ont combattu aussi bravement que possible. S'ils ont fui, ce fut après des batailles très dures et très longues. Ils ont montré toujours qu'ils étaient des soldats extrêmement braves, notamment au combat de Lule-Bourgas. L'honneur militaire turc est donc sauf.

Il reste à voir ce qu'il en est des accusations de massacres commis par les troupes turques. Au vrai, toutes les races de la péninsule balkanique sont peu ménagères de la vie humaine. Mais, à en juger par la forme même des informations lancées à ce propos dans la presse européenne par les puissances coalisées, on est amené à se demander si ces accusations, lancées sans preuves, n'étaient pas le corollaire du système qui a voulu donner à une guerre d'ambitions territoriales le caractère d'une guerre de religions. Ferdinand est homme à avoir conçu ce plan.

Les alliés seraient-ils indemnes de tous reproches, s'ils n'avaient pris la précaution de tenir à l'écart les correspondants de guerre ? Dans la masse des dépêches se rapportant a cet objet, j'en ai cueilli deux le même jour qui laissent le lecteur attentif dans un parfait scepticisme. Les voici :

Cettigné, 30 octobre, 11 h. matin.

Les Turcs ayant hissé des drapeaux blancs à l'est de la ville de Scutari, les Monténégrins leur permirent d'approcher de leurs positions ; mais quand ils furent à proximité, les Turcs ouvrirent un feu vif et se lancèrent à la baïonnette à l'assaut des positions monténégrines. Les Monténégrins, qui eurent trois cents morts et blessés, entourèrent les bachi-bouzouks et les exterminèrent.

Vienne, 30 octobre.

On mande de Belgrade au *Neues Wiener Tagblatt*, au sujet de la mort du chef albanais Boletinatz, que celui-ci se rendit avec 15.000 Arnautes auprès du général Zickovitch, soi-disant dans le but de combattre les Turcs. Le général exigea que Boletinatz marchât devant et entraînât les populations à la suite des Serbes. Le chef albanais refusa, et une dispute éclata, au cours de laquelle le général Zickovitch reconnut que Boletinatz jouait un double jeu. Soudain, Boletinatz saisit un revolver, mais le général prévint le coup et tua Boletinatz d'un coup de pistolet. Les Arnautes voulurent fuir, mais une partie d'entre eux furent tués et les autres se rendirent.

La première ne nous montre-t-elle pas sans le vouloir l'application du « pas de quartier » à une troupe cernée et réduite à l'impuissance ? La seconde ne déguise-t-elle pas une embûche tendue au chef albanais venu de bonne foi et victime de celle-ci ?

La tendance était si manifeste des dépêches envoyées un peu partout que le gouvernement ottoman a cru, à juste titre, devoir publier une série de témoignages de correspondants de guerre appartenant à diverses nationalités. Ces témoignages trouvent place ici :

M. Jean Rodes, du *Temps* :

On accuse les troupes turques de massacrer sur divers points éloignés ; je puis affirmer qu'ici non seulement on n'a commis rien de pareil, mais on peut dire que pas une armée du monde n'eût été, en aussi affreuse circonstance, si docile, si modérée et ne se fût livrée à moins d'exactions.

Le baron TYSKA, envoyé spécial du *Lokal-Anzeiger*, répond :

L'attitude observée par les soldats turcs fut unique, exemplaire, au-dessus de tout éloge. Comme journalistes, nous rougissions de voir relater par d'importants journaux d'Europe de prétendus massacres et pillages imputés aux soldats turcs. Témoin des événements actuels, je considère comme un devoir de démentir ces informations mensongères. Non seulement les soldats turcs n'ont pas commis d'actes de violence, mais ils se sont écartés scrupuleusement de tout procédé qui ne s'inspirait pas de la plus large générosité.

M. PAUL ERIO, envoyé du *Journal* :

Dans les plaines de Thrace, personne n'a eu connaissance que des actes de violence aient été commis. Des soldats turcs ont brûlé une maison abandonnée pour se chauffer, fouillé un magasin espérant y trouver quelque nourriture, et cela par souffrance ; mais nulle part nous n'avons vu les Turcs commettre de violences envers les familles chrétiennes. A Tchorlou, village habité par des Grecs, Arméniens et Bulgares, où plusieurs milliers de soldats séjournaient constamment, les troupes vivaient en bonne intelligence avec tout le monde. Lorsque ces soldats, bien qu'armés de fusils, allaient dans les maisons demander du pain, ils suppliaient ceux auxquels ils s'adressaient, mais jamais ne menaçaient.

M. PAUL GENÈVE, envoyé du *Journal des Débats* :

Puisqu'il se trouve en Europe des gens écrivant du fond de leur cabinet de travail que les soldats turcs sont pillards et massacreurs, c'est un devoir pour nous de protester énergiquement. Pendant que nous séjournâmes parmi les troupes ottomanes, nous ne vîmes ni actes barbares, ni violences, mais partout l'endurance et la modération.

Le major ZWENGER, envoyé du *Berliner Tageblatt* :

Je n'ai jamais constaté un seul acte de violence ; je ne crois à aucune des fables qui furent racontées. Les soldats turcs sont de braves gens.

M. RENZO LARCO, envoyé du *Corriere della Sera de Milan* :

Nous démentons les actes attribués aux troupes ottomanes. Pendant plusieurs jours, nous avons voyagé parmi les soldats et les populations musulmanes, parmi les militaires et les émigrants fugitifs. Je n'ai eu à me plaindre de personne : je dois louer la courtoisie des soldats qui me tirèrent de grandes difficultés. Sur les routes, nous n'avons observé aucun symptôme de ce qu'on appelle la haine contre le chrétien, aucune prédisposition chez les soldats turcs à commettre un acte quelconque de violence ou de pillage. Nous témoignons de tout cela très volontiers, conformément à ce que nous avons vu.

M. VORD PREISS, envoyé *du Daily Mail* :

Je n'ai vu aucun acte de violence des troupes turques, dont la conduite fut excellente, malgré les conditions difficiles dans lesquelles elles se trouvaient.

Chose curieuse, depuis cette publication les annonces de massacres ont complètement cessé. Mieux même, les Serbes et les Grecs ont cru avoir à se défendre d'accusations semblables. Pour nous, nous ne prétendons pas qu'au début des hostilités, il ne se soit produit des faits à tous points regrettables. Mais les historiens futurs n'auront sans doute pas de peine à en relever à la charge des uns et des autres, pour ce que cela est dans les mœurs de toutes ces races. Mais j'ai entendu, pour ma part, m'élever contre la tendance générale à crier haro sur le vaincu, et, me souvenant des années douloureuses dont l'écho frappa vivement ma prime jeunesse, je me suis souvenu aussi d'un vers de VICTOR HUGO qu'il suffit d'adapter à la situation.

Oh ! n'insultez jamais une armée qui succombe !

Et je crois être dans les vraies traditions de la générosité française.

La responsabilité de l'Allemagne

Dans un de ses articles M. E. JUDET écrivait ces lignes qui correspondent à un regret souvent exprimé dans la *Revue Indigène* touchant la politique germanophile de la Turquie constitutionnelle :

N'ayant pas eu l'esprit de chercher des amitiés conformes aux principes que sa dernière révolution prétendait servir, elle n'a trouvé, pour la défendre, ni les protecteurs qui l'exploitaient, ni ceux dont elle avait dédaigné le loyal appui.

Ce fut, en effet, une déception pour l'Angleterre et pour la France de voir la Turquie constitutionnelle s'abandonner plus

fortement que jamais aux séductions de la diplomatie allemande
et mentir ainsi, à la fois, aux principes au nom desquels le changement de régime s'était opéré et aux intérêts les plus évidents
de l'Empire ottoman. Les faits essentiels de la guerre en cours
marquent la part de responsabilité qu'a l'Allemagne dans le dé-
sastre turc.

Pour l'Allemagne, l'Empire ottoman fut le riche client à qui,
par des boniments appropriés, on vend le plus de marchandises
possible : canons Krupp à la fabrication desquels la maison impériale est intéressée ; vieux bateaux refondus et rebaptisés destinés à des luttes navales qu'ils ne pourraient soutenir ; armements, approvisionnements, tout cela payé en bonnes livres
turques et en avantages politico-économiques derrière la grande
voie allemande du Bagdad. Et l'on n'a pas oublié l'incident de
l'emprunt ottoman demandé aux banques françaises pour payer
les factures de l'usine Krupp, emprunt auquel le gouvernement
français mit si opportunément obstacle.

Je relève dans une correspondance au *Temps* signée de RENÉ
PUAUX ces détails intéressants sur le butin fait par l'armée bulgare à Kirk-Kilissé :

Sans parler du matériel de guerre, on trouva pour 500.000 francs
au moins de produits pharmaceutiques. Les Allemands, fournisseurs
de l'armée turque, lui avaient vendu des spécialités de luxe, dont
16.000 francs de pyramidon, de quoi guérir la migraine de plusieurs
corps d'armée ! Quant aux effets militaires, d'ailleurs d'excellent
drap, on a eu de quoi vêtir deux brigades de réserve bulgares, et
les caisses de boutons de rechange chargèrent tout un wagon. Au
cercle militaire turc on trouva des cartons pleins de cartes publiées
en Allemagne. Elles étaient toutes relatives aux combats de 1870-71.
Les instructeurs allemands en avaient conseillé l'achat à leurs élèves
turcs. Dans les maisons habitées par les officiers turcs on trouva
d'abondantes bibliothèques d'ouvrages érotiques allemands, et chez
MOUKHTAR PACHA on fit main basse sur une cargaison de friandises :
bonbons, lukum, sucreries variées, et deux selles brodées d'or.

La préoccupation des Allemands d'instruire les Turcs de
leurs victoires de 1870 est touchante. Il est seulement fâcheux
pour eux que le général bulgare RATKO DIMITRIEF, parlant au
même correspondant, se soit exprimé en ces termes : « *Je suis
heureux de voir des Français assister à notre combat suprême, car
nous sommes vos élèves ; nous nous sommes nourris des leçons de*

vos Bonnal *et de vos* Langlois, *et cette guerre est la démonstration de la valeur des théories françaises.* »

Ce qui donne à ces paroles flatteuses pour nos généraux leur plus grande portée, c'est qu'il est de notoriété internationale que le Gouvernement ottoman a reçu à la veille de l'ouverture des hostilités le plan de défense sur quatre fronts dressé par le maréchal Von der Goltz. Et l'on sait, en outre, que de nombreux officiers allemands, démissionnaires pour la circonstance, ont combattu sur les champs de bataille de Kirk-Kilissé et de Lule Bourgas.

Je ne résiste pas au plaisir de reproduire ici un Bulletin de la *Dépêche Tunisienne* qui correspond exactement à ce que nous avons dit ici même et à maintes reprises, quand nous mettions les Turcs en garde contre les effusions intéressées du pangermanisme.

Tunis, le 31 octobre 1912.

Il se dégage, déjà, des premières rencontres turco-bulgares, une moralité : nous nous en voudrions de ne pas la souligner au passage, en attendant d'autres événements. Cette moralité, tout le monde d'ailleurs la connaît : les Allemands se sont abominablement moqués des Turcs.

Tout le bluff du panislamisme, allié et protégé du pangermanisme, s'effondre à Kirk-Kilissé et à Andrinople : le débarquement d'Algésiras, le pèlerinage de Jérusalem, bulles de savon que la baïonnette bulgare vient de crever, parodies destinées à permettre la vente de cuirassés démodés, de canons réformés, à imposer la présence à Constantinople d'une mission militaire allemande, d'un maréchal et d'un état-major allemands.

N'importait-il pas avant tout d'écraser l'influence française dans les conseils de la Porte ?

Les Turcs peuvent se rendre compte aujourd'hui de l'excellence des méthodes et des armements que l'Allemagne destine à l'exportation. Ce sont les généraux, élèves de von der Goltz*, qui partent, et les canons* Krupp *qui restent..... entre les mains de l'ennemi.*

Ce ne sont pas de mauvais soldats, cependant, que les Turcs. Ils ont bien prouvé en résistant pendant un an, dans des conditions exceptionnellement défavorables, aux troupes et à la flotte italiennes, qu'ils savaient se battre et mourir. Pourquoi donc détalent-ils ainsi aux premiers coups de feu des avant-gardes bulgares, ou serbes ou monténégrines, ou grecques ?

C'est qu'en Tripolitaine et en Cyrénaïque, ils étaient commandés par des généraux qui n'étaient pas des articles Made in Germany.

Nous n'allons certes pas jusqu'à dire que la défaite turque est une défaite allemande. Nous savons que de l'autre côté du Rhin les états-majors, les plans de mobilisation et les armements ont une tout autre valeur qu'en Turquie. Mais ce que les musulmans de tous les pays pourront se rappeler, c'est que l'Allemagne s'est cruellement moquée du peuple et du Gouvernement ottomans en leur laissant croire qu'ils étaient prêts pour la guerre et en les jetant à la déroute.

Trop d'officiers de Thrace et de Macédoine sont de la camelote allemande. Ils ne résistent pas à l'épreuve. Le Gouvernement ottoman, transformé en Comité de Salut public, n'a plus qu'une ressource, celle des Jacobins : exécuter les généraux pour leur apprendre à vaincre.

La leçon est cruelle, et l'on ne s'étonne pas si les Turcs la comprennent enfin, bien qu'il soit un peu tard pour ce faire. Le journal la *Jeune Turquie* l'a souligné de la façon suivante :

Dès à présent, il semble que l'on puisse tirer une leçon des tristes événements qui viennent d'endeuiller notre patrie. C'est que l'organisation militaire tant vantée du maréchal von der Goltz *et des instructeurs prussiens a fait faillite chez nous. La preuve de son insuffisance est faite et les journaux allemands l'ont reconnu aussitôt, non sans amertume. Elle a échoué probablement parce qu'elle ne convenait pas au caractère du soldat ottoman, mais aussi sans doute parce qu'elle n'était pas aussi parfaite que l'on se plaisait à le dire. L'expérience vient de confirmer, pour le plus grand malheur de notre patrie, la thèse que nous avions toujours soutenue' ici, en engageant notre gouvernement à se méfier de l'amitié, de l'instruction, des conseils et du matériel allemands. La mauvaise qualité des canons* Krupp *vient de faire démolir notre artillerie par les pièces sorties du Creusot. Sur tous les points éclate l'influence néfaste des sujets du kaiser sur notre patrie.*

Enfin, le *Journal de Bruxelles* a reçu au milieu de novembre une dépêche de Constantinople qui vaut d'être reproduite :

Il paraît qu'au conseil des ministres qui s'est tenu, le 12 du courant, sous la présidence de Kiamil pacha et auquel Nazim avait dû spécialement se rendre, il a été parlé en termes sévères de la complète et irrémédiable faillite de l'œuvre de la mission allemande, tant au point de vue militaire qu'au point de vue industriel.

Les résultats techniques obtenus par l'artillerie ont été navrants : les shrapnells n'éclataient pas, les fermetures se coinçaient, les fusées étaient déréglées. L'équipement et l'habillement des troupes, dont les matières premières ont été fournies par l'Allemagne, n'ont pas résisté à la fatigue de la campagne.

Il serait acquis dès maintenant que l'on renoncerait à l'aide de l'Allemagne pour la réorganisation de l'armée turque après la guerre.

Et tout ceci m'amène à dire un mot du panislamisme germanique. Il a été fait grand bruit, dans la presse arabophobe, d'une *Lettre d'Egypte*, datée du Caire, 25 octobre, et publiée par notre grand confrère le *Temps*.

Les colons politiciens ont voulu trouver là la justification de leurs campagnes. Vraiment, il leur a fallu un assez long temps pour découvrir une politique allemande sur laquelle le document en question n'a fait qu'apporter des précisions nouvelles. S'il pouvait plaire à l'un quelconque de ces publicistes à courte vue de faire des recherches dans la collection de la *Revue Indigène* depuis sa fondation, il y découvrirait de fréquentes et directes allusions à ce panislamisme. Et il nous serait même possible d'indiquer tels agents de ce panislamisme, qui n'a rien de religieux, par nous démasqués et dont l'un s'est fait marocain avant l'institution du Protectorat français.

Mais nos contradicteurs habituels, toujours contents d'eux-mêmes, ne redoutent pas de prendre le Pirée pour un homme, et « leur chasse » est toujours en défaut. Comme ils seraient plus avisés, s'ils ne facilitaient pas l'œuvre de ces émissaires par leur politique de haine et d'injures !

Demain ?

On aperçoit malheureusement pour demain la possibilité de conséquences qui, dans l'hypothèse pessimiste, auraient une portée autrement grande encore que les événements dont le cours paraît vouloir bientôt s'achever dans les Balkans. Ici, à la date extrême où ces lignes sont écrites, les choses se peuvent tasser. La Bulgarie est arrêtée devant les lignes de Tchataldja, beaucoup moins sans doute par la crainte du choléra que par l'épuisement de ses armées ou la nécessité, en tout cas, de les reconstituer et de les réapprovisionner. La Serbie est retenue sur la côte albanaise pour y obtenir le triomphe de son droit et l'Autriche, si elle reste intraitable au sujet de Durazzo et de Vallona, ne l'est plus au sujet d'un port commercial et non fortifié, attribué à la Serbie.

L'autonomie albanaise sera vraisemblablement acceptée par toutes les puissances, y compris les belligérantes. Chacun des intéressés retirant quelque chose au maximum de ses prétentions, la conférence internationale dont on parle, et qui se tiendrait vraisemblablement à Paris, ne fera plus qu'enregistrer un état de choses établi par la guerre et confirmé par un traité de paix qui laisserait encore à la Turquie Constantinople et les Dardanelles, suivant une frontière qui irait, en des points encore mal déterminés, de la mer Egée à la mer Noire. Et c'est, probablement, le statut international de Constantinople et des détroits qui sera établi par les grandes puissances; de nouveau garantes d'une intégrité que l'une d'elles se réservera, par restriction mentale et sous la pression d'événements qu'elle aura su préparer, de modifier à son profit. Et le *problème d'Orient* n'aura été que transporté de la Turquie d'Europe dans la Turquie d'Asie. D'excellents esprits le regrettent d'avance. Junius, dans un de ses billets de l'*Echo de Paris*, raisonnant à propos du projet prêté au Sultan de se transporter à Brousse, après la défaite de Lule-Bourgas, écrivait : « *D'autre part, une telle initiative, qui fait momentanément de Constantinople res nullius, n'est-elle pas une façon saisissante de montrer à quel point le Bosphore est, par définition, et doit rester la chose de tous, et que, seul, le maintien du Turc sur ses deux rives peut lui conserver ce caractère indispensable au repos de l'Europe.* »

Là est bien le nœud du problème de demain.

N'est-il pas à redouter que les puissances centrales, Allemagne et Autriche, ne considèrent le nouvel et prochain état de choses dans les Balkans comme une diminution de leur situation internationale ? Dans ce cas, il ne serait pas surprenant qu'il s'élaborât dans le mystère des chancelleries une application nouvelle du principe des compensations qui semble faire aujourd'hui la base des discussions internationales.

L'Allemagne a son Bagdad et ses plans sur la Mésopotamie. Entendra-t-elle les poursuivre sur place ou les monnayer sur d'autres points du globe ? Si elle manifestait l'intention de les réaliser en Asie Mineure, elle se heurterait vraisemblablement au veto anglo-franco-russe. Ce que l'on sait de ses prétentions ailleurs permet de croire qu'elle ne poussera pas un jeu aussi dangereux au delà d'un marchandage âprement débattu, comme elle a coutume de faire.

On est en droit de penser que le problème se trouve d'ores et déjà posé. Par qui ? Il est difficile de le dire, mais on peut le supputer : les craintes légitimes des Arméniens pouvant fournir l'occasion désirée d'intervenir.

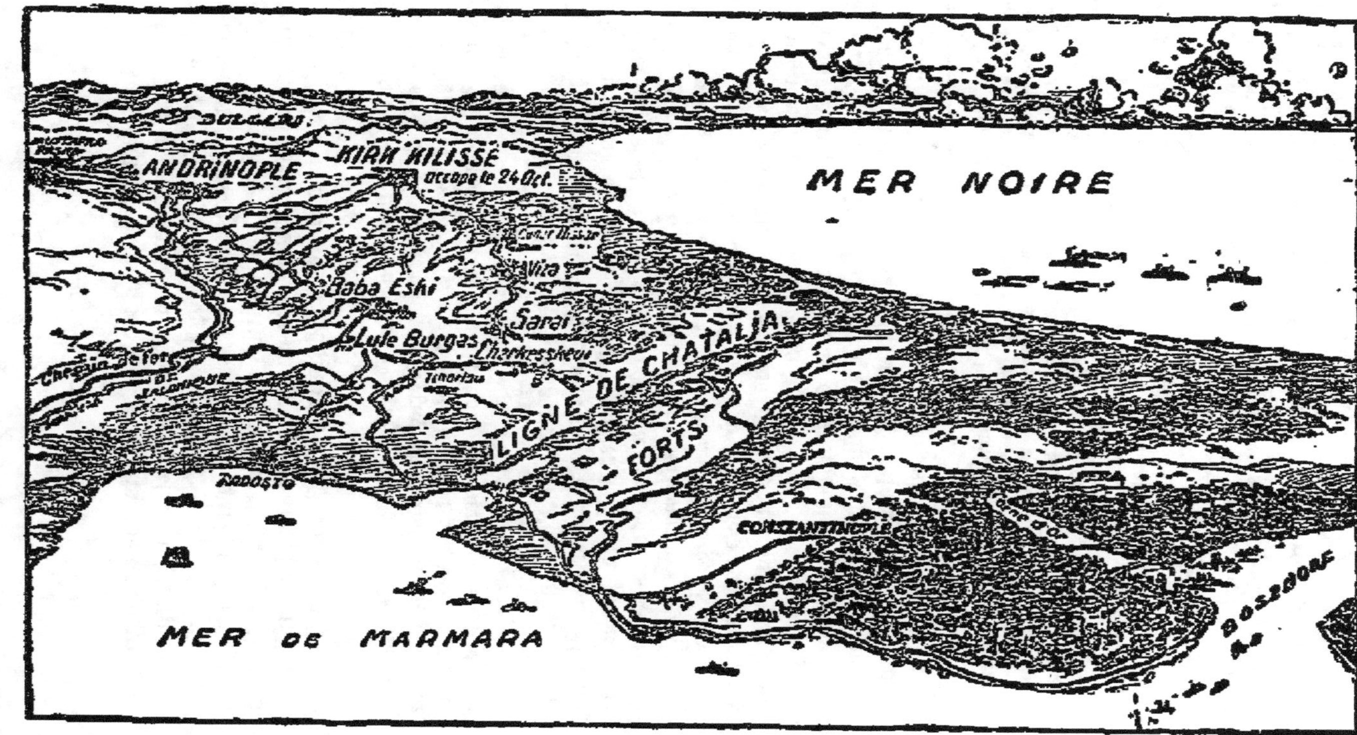

MER NOIRE
MER DE MARMARA
ANDRINOPLE
KIRK KILISSE
occupé le 24 Oct.
Baba Eski
Lule Burgas
Sarai
Charkesskeui
Vita
LIGNE DE CHATALJA
FORTS
CONSTANTINOPLE
Rodosto
BOSPHORE
Chemin de fer
DE SALONIQUE

Il est également dans la logique des faits que des signes de dislocation se manifestent dans d'autres parties de l'Empire et il n'est pas surprenant que la population de la Syrie, catholiques et grande majorité des musulmans, aspire à son tour à se séparer de la Turquie. Alors donc, l'affirmation des visées anglo-égyptiennes sur la Syrie ne serait que la riposte opportune aux plans de l'Allemagne attelés à son Bagdad. Le journal *Le Progrès*, du Caire, a marqué le coup :

La situation actuelle de la Turquie impose à l'Egypte et à l'Angleterre le de ir d'occuper la Syrie, afin d'avoir en mains la clé de l'Egypte et de l'Arabie. « *L'Egypte ne peut pas laisser à d'autres Etats la direction de la population intelligente et civilisée de la Syrie.* »

Or, annonçait des troubles naissants. M. Poincaré a aussitôt pris une position très forte en rappelant à Rifaat pacha et en chargeant M. Bompard de rappeler à Kiamil pacha « *que la France, agissant en qualité de protectrice des chrétiens d'Orient, serait obligée de rendre le Gouvernement ottoman responsable de toute violence exercée sur eux, et lui demandant en conséquence de la façon la plus instante de donner des ordres formels aux valis pour prévenir cette éventualité.* » Il semble que cela ait suffi pour conjurer un péril qu'on sentait naître (1).

L'œuvre de la France en Orient est trop belle et trop connue, et aussi trop désintéressée, pour qu'il y ait lieu d'y insister ici. A l'occasion, nous pourrons la mettre en lumière. Qu'il me suffise de dire aujourd'hui que, moins que toute autre puissance, l'Alle-

---

(1) Texte d'un vœu présenté par M. P. Bourdarie à la *Société des Etudes coloniales et maritimes*, présidée, en l'absence de M. l'amiral Besson, par M. de Lamothe, gouverneur général honoraire :

« *Que le principe du désintéressement territorial des grandes puissances soit reporté sur la Turquie d'Asie, d'autant que ce désintéressement est conforme à la politique traditionnelle de la France en Orient;*

Que le gouvernement français maintienne son action sur le terrain des droits spéciaux qui lui sont reconnus sur la Syrie par le traité de Berlin;

Qu'en conformité de cet acte international le gouvernement français accroisse ces droits par le développement de ses œuvres et celui de son commerce;

Que, pour affirmer cette politique à la fois de désintéressement territorial et de sauvegarde des intérêts français, une force navale française soit maintenue à Beyrouth.

Subsidiairement, la Société des Etudes coloniales et maritimes appelle la sollicitude du gouvernement sur la situation de la famille d'Abd-el-Kader et sur la situation des Arabes émigrés de l'Afrique du Nord, situation que la France se doit à elle-même d'améliorer par une protection pleinement efficace.

magne est désignée pour en vouloir être l'héritière, qui, en ce moment même, poursuit en Pologne une politique d'expropriation violente qui a suscité la réprobation de l'univers civilisé.

Attendons demain, en nous réjouissant pleinement de ce que la France ait, sous l'impulsion d'un homme d'Etat aussi ardent patriote que politique avisé, repris conscience de son rôle et de sa mission dans le monde.

Incontestablement, l'Europe traverse une crise dangereuse. Ceux qui ont accoutumé de rechercher les conséquences lointaines des faits, en marquent une inquiétude profonde. Tel M. JEAN IZOULET qui, ces jours derniers, dans l'*Eclair*, exposait lumineusement la nécessité où va se trouver le vieux continent de mettre fin à ses luttes séculaires de nationalité pour se préparer aux luttes plus redoutables qui s'annoncent entre les continents et les grandes races. A la *Revue Indigène* ces conceptions ne nous sont pas étrangères. Mais nous y ajoutons celle-ci, à savoir : que l'Europe serait sage de se solidariser pleinement avec les populations blanches de l'Asie méditerranéenne. Et c'est pourquoi, prêchant d'exemple, nous demandons à la France de se solidariser sans réserve avec le peuple arabo-berbère qu'elle protège dans l'Afrique du nord et de l'accueillir définitivement dans son giron.

28 novembre 1912.

La Bataille des Diplomates

Les armées belligérantes ont signé l'armistice. Seule, l'armée grecque continue le siège de Janina dans des conditions qui correspondent fort mal aux bulletins dithyrambiques dont le Diadoque avait pris la coutume. Janina, Scutari, Andrinople, par leur belle résistance, ont contribué à sauver l'honneur de la Turquie. Le sultan pourrait rééditer le mot de FRANÇOIS Ier : *tout est perdu, fore l'honneur !*

Fait curieux à noter. Depuis que quelques publicistes indépendants et sincères — dont je m'honore d'être — ont protesté contre les articles tendancieux qui, tantôt attribuaient à cette guerre un caractère religieux qu'elle n'avait d'aucune manière, et tantôt accusaient les seuls Turcs d'atrocités et de massacres, il n'a plus été question de ces contre-vérités et l'on est revenu à une appréciation plus exacte des événements et de toutes leurs conséquences possibles. En ce qui concerne l'accusation de massacres, je veux citer un dernier témoignage qui me paraît être celui qui mérite le mieux d'être définitivement retenu. M. JEAN RODES, correspondant du *Temps*, écrivait à la date du 30 novembre :

Bien que nous n'ayons jamais constaté de faits semblables et que cela soit en contradiction avec le caractère du soldat, de l'Anatolien tout au moins, tel que nous l'avons vu, les Turcs, en certains endroits, ont massacré, la chose est maintenant établie. Il est d'ailleurs également indubitable que, du côté des Bulgares, certains éléments, dont le concours a été accepté par l'armée régulière, en ont fait autant qu'eux. En réalité, cette guerre, qui se déroule cependant en Europe et au vingtième siècle, aura été aussi fertile en spectacles d'horreur que les féroces luttes d'autrefois.

Et, ayant cité un certain nombre de faits aussi caractérisés qu'opposés, il ajoutait :

Ce petit tableau n'a pas besoin de commentaires, si ce n'est qu'on veut renvoyer les accusateurs des deux camps dos à dos, en toute impartialité.

En effet, à Salonique même, où la résistance manqua totalement, les comitadjis grecs et bulgares ont rivalisé d'ardeur, et *certains de ces anthartes, hirsutes et ceints de peaux de bêtes, se sont montrés les dignes descendants des Klephtes, au nom symbolique.*

La cause est entendue, et je n'y reviendrai pas.

Donc, on prépare la paix. C'est le moment où les diplomates commencent leur bataille autour de tapis qu'on dit habituellement verts. Mais quelle paix vont-ils nous faire ? Solide et durable, ou bien boiteuse et précaire ? Si les belligérants étaient seuls en présence, on pourrait pencher vers la première hypothèse. La multiplicité et l'importance des intérêts autres que ceux des belligérants nous conduisent à la seconde. Ce n'est pas que, tant en Russie, qu'en Angleterre et en France, ou même en Italie, on n'ait fait à la paix européenne des sacrifices méritoires. Et, à ce propos, il faut relever ici le témoignage rendu au chef du gouvernement français par un correspondant étranger, M. FRISCHAUER, de la *Nouvelle Presse libre* :

Le gouvernement français, depuis le commencement de la crise, a mis dans la balance toute son influence pour que la paix européenne sorte intacte du conflit balkanique, et M. POINCARÉ a mis tout son bon sens et toute son autorité au service de la paix, amour dans lequel il s'est assuré de l'appui de tous les partis de la République et de toutes les couches de la population française. Cette attitude du gouvernement français et du président du Conseil a été appréciée sans conteste par l'Europe et par la France, et nous sommes en situation aujourd'hui de partager l'opinion du *Temps* que M. Poincaré s'est montré bon Européen, et que la Triple Alliance a été, par les événements, amenée à reconnaître au président du Conseil les mêmes qualités que ses alliés et amis.

Il n'en est pas moins que l'horizon reste singulièrement assombri, malgré des éclaircies passagères, du fait de la mobilisation autrichienne persistante, même après les satisfactions données à la monarchie dualiste par le gouvernement de Serbie. Et l'on a maintenant la preuve que l'incident du consul autrichien de Prochaska n'avait que la valeur d'un prétexte péniblement cherché. Seule, la question du port serbe sur l'Adriatique prolongé par une bande de terre en toute souveraineté, pouvait traduire matériellement ce contre quoi l'Autriche s'élève de toute la puissance de ses armes, à savoir : la marche du slavisme vers la Méditerranée et l'Adriatique. Tout le problème balkanique, qui se pose du reste en plusieurs données dont la question d'Albanie et la question du port serbe sont les principales, est bien contenu dans cette formule, et l'on s'en rend compte si on lit simplement telle déclaration du baron de Chlumetzky, honoré de la confiance de l'archiduc héritier et l'un des chefs intellectuels du parti militaire autrichien, ou telle résolution des pangermanistes de Berlin. Les voici l'une et l'autre. Le baron autrichien déclare :

C'est, je le répète, la position de grande puissance de l'Autriche qui se trouve en ce moment menacée par certaines aspirations serbes, et ceci intéresse au plus haut point la Triple Alliance.

A quoi les pangermanistes acquiescent en manière d'écho :

Les événements des dernières semaines ont démontré l'extrême gravité de la situation pour tout le germanisme de l'Europe centrale et ont prouvé que le germanisme devait entreprendre la lutte pour la vie. L'empire allemand ne doit pas permettre un affaiblissement ou une défaite de l'Autriche-Hongrie. Le peuple allemand voit, dans l'offensive serbe contre la monarchie austro-hongroise, le commencement d'une attaque enveloppante de tout le slavisme contre le germanisme.

Et c'est bien, par la lutte au point de rencontre de deux grands courants ethniques, la recherche d'un équilibre européen nouveau dont M. Izoulet nous donnait récemment dans l'*Eclair* un aperçu schématique impressionnant, mais, à mon sens, incomplet. On aperçoit le lent et méthodique effort de l'empereur allemand qui rêve, depuis de longues années déjà, d'une entente continentale présidée et dirigée par l'Allemagne, à l'exclusion de l'Angleterre, si besoin en devient. Et, dans les circonstances présentes, deux moyens sont mis en jeu qui tendent vers ce but : sauver l'Autriche de la dislocation dont elle est menacée, en disloquant ou en captant la Confédération balkanique nouvelle ; renforcer la position d'hégémonie de l'Allemagne en disloquant la Triple Entente. La mobilisation autrichienne, voulue par l'Allemagne, concourt à ces deux buts par une sorte d'intimidation. Si celle-ci n'a pas eu tous les effets escomptés, il n'en est pas moins que la Triple Entente, moins fortement cimentée que la Triple Alliance, s'en est ressentie dans la préparation de son jeu, et que, par exemple, il a fallu tout le doigté et toute l'énergie des hommes d'Etat français et russes pour ramener le gouvernement anglais à une plus juste et plus saine appréciation de ses propres intérêts.

Le renouvellement, quelque peu solennisé, de la Triple Alliance, n'a été que l'une des scènes de la savante préparation diplomatique à laquelle on travaille dans l'Europe centrale.

En réalité, chacun mesure ses forces, fait le compte de ses intérêts présents et d'avenir. Pourquoi serait-ce, sinon pour un règlement général d'où l'on veut que sorte cet équilibre nouveau, utopie d'hier, vérité de demain peut-être, inscrit dans cette formule dont on a pu rire, mais qu'on soupèse maintenant : les *Etats-Unis d'Europe.*

J'arcourons les discours des chefs de gouvernements européens.

A la fin de novembre, M. WINSTON-CHURCHILL n'aperçoit que les effroyables conséquences d'une guerre européenne et il affirme le besoin de paix avec une inexplicable ingénuité, par quoi il met aussitôt en position d'infériorité la diplomatie anglaise devant la diplomatie allemande :

Le différend de l'Autriche et de la Russie, de quelque façon qu'il se règle, ne peut être séparé des affaires des puissances occidentales. La Grande-Bretagne, l'Allemagne, l'Italie et la France sont en paix, elles désirent la paix, elles ont besoin de la paix, elles veulent la paix pour leurs peuples.

Quel langage ! Sans doute, on le pourrait interpréter d'une

façon moins sévère, s'il était soutenu par une déclaration nette et formelle, par quoi le monde serait prévenu que si on ne désire pas la guerre, on ne la craint pas non plus.

C'est à quoi s'appliqueront les déclarations russe et française. Voici, pour la démonstration, le langage de M. Poincaré à la Chambre et au Sénat :

A la Chambre. — *Mais autant sont sincères chez nous ces intentions pacifiques, dont nous avons donné, depuis l'ouverture de la crise des témoignages renouvelés, autant nous demeurons fermement déterminés à défendre, sans défaillance, nos intérêts et nos droits, à maintenir les grandes traditions de la France en Orient et à sauvegarder par dessus tout cette chose intangible et sacrée qui s'appelle l'honneur national.*

Au Sénat. — *Nous sommes décidés à maintenir l'intégrité de l'empire ottoman en Asie, mais aussi à n'abandonner aucune de nos traditions de sympathie, à ne laisser en souffrance aucun de nos intérêts.*

De son côté, le premier ministre russe a solennellement affirmé la volonté de ne pas se laisser intimider et la solidité de la Triple-Entente :

Fidèles à notre alliance et à nos ententes avec les autres grandes puissances, sûrs de l'appui de nos amis et de nos alliés, *nous ne voyons pour notre part nulle utilité à opposer les groupements des puissances les uns aux autres... Le Gouvernement russe exprime l'espoir, Dieu aidant, que les événements de l'avenir ne porteront pas atteinte aux intérêts vitaux russes, que nous sommes appelés à défendre de toutes nos forces au nom de l'honneur et de la dignité de notre pays.*

Même langage en Allemagne, mais plus précis et plus accentué, j'allais écrire plus brutal. On n'y parle pas de la paix avec affectation, on n'y parle que d'une localisation des conflits, à laquelle on déclare travailler sincèrement. Mais...

Si d'insolubles conflits se posaient — nous espérons qu'ils ne se produiront pas — ce sera l'affaire des puissances directement intéressées de faire valoir en ce cas particulier leurs prétentions. Ceci s'applique aussi à nos alliés. Toutefois si nos alliés, au moment où ils feraient valoir leurs droits, étaient, contre toute attente, attaqués d'un troisième côté et se trouvaient ainsi menacés dans leur existence,

nous devrions, fidèles à notre devoir, nous placer avec une ferme ré-
solution à leurs côtés. Nous aurions alors à combattre pour protéger
notre propre situation en Europe, et pour défendre notre avenir et
notre sécurité.

Ah ! que voilà un langage clair et compréhensible ! Et comme
on aperçoit mieux les données du problème balkanique, où les
puissances balkaniques, après avoir aspiré aux premiers rôles,
sont renvoyées à leur place, celle des pions qu'au jeu d'échecs
on fait avancer ou reculer, tantôt pour masquer la place de grosses
pièces et tantôt pour leur livrer passage ! La Serbie a dépensé
son or et son sang pour se faire sa place au soleil de l'Adriatique,
de quoi se libérer du joug politique et économique que l'Autriche
fait peser sur elle... Peine perdue. L'Autriche aussitôt mobilise
pour en imposer à cette petite puissance, et surtout à l'amie qui
la soutient, qui est derrière, mais qui n'est *point tout à fait prête.*
Et l'Allemagne appuie son brillant second. le rabrouant quand il
force le jeu, le réconfortant quand est trop forte la résistance qu'il
rencontre.

On sait mieux à quoi s'en tenir. Turquie et puissances balkaniques, M. DE BETHMANN-HOLWEG ne le cache pas, ne sont plus
là que comme *facteurs politiques et économiques.* Par une politique
de force et d'intimidation, on espère bien les mettre dans son jeu
et l'on applique le procédé du balancier ; car, tandis que l'Alle-'
magne, violant en somme la neutralité, enverra de nouveaux
canons à la Turquie et encouragera celle-ci à une résistance qui
précipitera sa dislocation et permettra de poser la question de la
Turquie d'Asie, l'Autriche donnera à la Bulgarie des preuves tangibles de sympathie intéressée, l'Autriche et l'Italie s'accorderont
pour enlever l'Albanie aux vainqueurs, et la Triple Alliance encouragera la Roumanie, suivant la récente méthode allemande du
pourboire, à se faire payer sa non-intervention.

Mais l'Autriche aura reculé de quelques décades l'éventualité
redoutable de sa propre dislocation — car les événements actuels
ne sont pas sans avoir mis en effervescence les éléments slaves
que contient la double monarchie austro-hongroise, et cette effervescence s'est traduite dans l'armée et jusqu'au Parlement. De
quoi l'on peut conclure que l'Autriche maintiendra sa mobilisation tant que le point final ne sera pas posé à la conclusion européenne de la guerre turco-balkanique. Mais se doute-t-elle, l'Autriche, que si l'empereur allemand voyait se réaliser tant soit peu

ses rêves, la dislocation de son empire composite n'en pourrait être que précipitée, l'avant-garde allemande étant déjà fortement installée dans la place sous la forme des groupements pangermanistes qui lui ont, à maintes reprises, causé tant d'embarras ! La revanche des faits n'est-elle pas contenue dans les faits eux-mêmes ?

Et il n'est plus guère question des Etats balkaniques que pour constater leur attitude respective, la force plus ou moins manifeste de leurs accords ou l'évolution de leur politique vers l'un ou l'autre des grands groupements de puissances. Mais ce n'est pas à l'heure présente qu'on peut raisonner utilement de ces problèmes. La conclusion de la paix pourrait bien être suivie de quelques surprises. On en recausera si, comme d'aucuns ont cru pouvoir le supposer, la Turquie obtenait son entrée dans la Confédération balkanique.

En attendant, et puisqu'il est indiqué que chacun dresse le bilan de ses intérêts, il est logique de rappeler ici quels sont ceux de la France.

Les intérêts de la France

On peut croire que ceux-là qui n'écoutaient en octobre dernier que la voix du sentiment habilement surchauffé par des proclamations dont nous sommes quelques-uns à avoir pesé la valeur exacte, sont aujourd'hui revenus à une plus saine appréciation du rôle et des intérêts de la France. S'il en était autrement, les explications de M. Poincaré jointes à ce que l'on sait des plans de l'Allemagne et des accords de Postdam, pourraient leur permettre de se reprendre.

Les intérêts de la France sont de diverse nature et peuvent être classés en trois catégories bien distinctes :

1° Les intérêts financiers et économiques tant dans les Balkans qu'en Turquie ;

2° Les intérêts intellectuels et moraux dont l'importance est considérable ;

3° Les intérêts d'alliance qui lient son action à celle de la Russie et de l'Angleterre.

Pour ce qui est des deux premiers, ils ont été définis avec abondance et précision par M. Poincaré devant la Commission des Affaires extérieures et coloniales. Le mieux est de citer ici le texte rendu public.

Les intérêts matériels français en Orient. —

Nous avons dans les régions qu'occupent les armées alliées, et qui pourront être, en tout ou en partie, détachées de l'empire ottoman, des intérêts de nature très variée et d'importance considérable.

Nous sommes les principaux créanciers de la Turquie ; la Dette ottomane est, pour la plus large part, entre les mains de porteurs français. C'est un principe de droit public, aujourd'hui reconnu par tout le monde, qu'en cas de démembrement d'un Etat, l'Etat annexant ne saurait prendre possession du territoire annexé qu'avec les charges qui le grèvent, et qu'il doit équitablement supporter une part de la dette publique contractée par l'Etat démembré. Mais comment devra-t-on déterminer la part contributive des Etats balkaniques ? Devra-t-on maintenir intégralement le service de la Dette avec affectation des revenus concédés ?

Devra-t-on calculer la contribution d'après la valeur des gages territoriaux affectés spécialement au service de tel et tel emprunt ? Devra-t-on, laissant de côté toute spécialisation des gages, fixer une contribution globale pour chaque Etat suivant le rapport qui existera entre le revenu annuel du territoire annexé et le revenu général de l'empire ?

Autant de questions qui se posent, qu'il faudra résoudre, et que d'ailleurs les puissances ont d'ores et déjà soumises à un examen collectif.

Mais la Dette n'est pas le seul objet qui doive solliciter notre attention. Nous sommes intéressés dans la régie des tabacs ; nous avons des capitaux engagés dans un grand nombre de concessions de services publics.

L'administration des phares de l'empire ottoman, la Société du port et des quais de Salonique, les sociétés qui exploitent les mines de Kassandra et de Sélénitza sont des entreprises françaises ; et je ne cite bien entendu que des exemples.

Certaines sociétés françaises, telles que la Société générale d'entreprises, la Régie générale des chemins de fer, la Société d'études topographiques, ont commencé des travaux qui leur avaient été concédés et qui concernent la construction ou la réparation des routes d'Etat, la régularisation du cours du Kiri, le levé topographique de la plaine du Vardar et de la Maritza.

D'autres sociétés, sans être déjà reconnues concessionnaires, ont signé des contrats d'études qui comportent, en réalité, un privilège pour l'exécution : ainsi la Régie générale pour les chemins de fer d'Albanie, d'Epire et de Macédoine, et pour la régularisation de la Boyana.

D'autres encore ont obtenu du gouvernement des titres de concession subordonnés à l'approbation parlementaire : ainsi pour la construction des ports de Cavalla et de Rodosto ou pour le dessèchement de l'embouchure de la Maritza.

Ce n'est pas tout. Il y a des entreprises qui ne cesseront pas d'avoir leur siège central dans la capitale ottomane et qui continueront, comme par le passé, à exercer leurs opérations sur l'ancien territoire de l'empire, mais elles devront modifier le fonctionnement de celles de leurs agences qui se trouveront dans les pays annexés; tel est le cas de la Banque impériale ottomane et de la Banque de Salonique.

Les intérêts moraux. — *Au-dessus de ces intérêts économiques, industriels et financiers, nous avons, dans les contrées dont le statut politique va se transformer, un patrimoine moral et traditionnel, que nous entendons sauvegarder.*

Grâce à l'initiative privée et à l'appui du gouvernement de la République, nous avons créé et maintenu à grands frais, tant en Macédoine qu'en Thrace, des œuvres de toute nature : lycée de Salonique, section commerciale, cours secondaires, écoles annexes établis par la mission laïque ; écoles laïques commerciales d'Andriple, orphelinats, dispensaires, établissements scolaires et hospitaliers des lazaristes, des filles de la Charité, des Assomptionnistes, des Frères des écoles chrétiennes, des Oblats de l'Assomption, écoles où voisinent, sous l'égide de la France, des enfants catholiques, orthodoxes, musulmans, israélites.

Nous avons enfin des droits séculaires qui nous ont été réservés par le traité de Berlin et qui nous permettent d'exercer en Turquie le protectorat catholique. Nous ne voulons sacrifier aucun de ces moyens d'influence française.

Quelles que puissent être les visées politiques et économiques de l'Allemagne en Orient, il lui faudra bien, de toute rigueur tenir compte de l'existence des intérêts des voisins, quand ces voisins s'appellent : la France, l'Angleterre et la Russie, d'autant que les intérêts que chacune de ces puissances, prise isolément, peut faire valoir sont autrement réels et tangibles que ceux qu'elle affirma elle-même sur le Maroc, au risque de la paix de l'Europe.

Et c'est ici qu'interviennent les intérêts d'alliance ou d'entente qui lient si fortement l'action des trois puissances, malgré les divergences qui peuvent se produire et qu'elles devront à tout prix aplanir si elles ne veulent pas se trouver à la merci de l'adversaire.

Il ne saurait suffire, en effet, d'affirmer dans des discours la fidélité aux alliances et aux ententes, si cette fidélité devait succomber à la première tentation ; telle, pour ne citer qu'un exemple, la tentation, mise par lord KITCHENER à la portée des *petits Anglais*, de développer en Syrie, sous prétexte du voisinage du canal de Suez, des intérêts anglais directement opposés à ceux de notre pays. Mes lecteurs se souviennent que la *Société des Etudes coloniales et maritimes* se préoccupa le mois dernier de cette éventualité.

Et il est fort heureux que M. POINCARÉ ait obtenu du gouvernement anglais l'assurance *qu'il n'avait ni intention d'agir, ni dessein, ni aspiration politique dans ces régions* (Discours au Sénat).

De toute évidence, les trois grandes puissances unies sous l'appellation de Triple Entente devront se consentir des sacrifices réciproques. C'est la condition même de leur succès ; écarter ce qui les pourrait désunir, pour renforcer tous leurs intérêts communs.

Mais, au point de vue français, quelle place exacte occupe la Turquie? Quel souci a donc la France de son existence même et de son avenir, étant donné qu'il n'a pas dépendu d'elle que les grandes épreuves actuelles lui fussent épargnées ? A cette question, M. POINCARÉ a répondu d'avance, et ayant dit devant la Commission de la Chambre *qu'il n'était pas dans les habitudes de la France de se détourner de l'infortune*, le président du Conseil exposait ceci devant le Sénat :

Quant à la Turquie, certes elle verra lui échapper une très grande partie de ses territoires d'Europe, mais il lui restera en Asie un empire vaste et florissant, où elle pourra exercer son autorité en faveur du progrès et de la civilisation. Si la Turquie est bien inspirée, elle tournera ses efforts de ce côté ; et elle y trouvera la bienveillante amitié de l'Europe et de la France.

Pendant les hostilités, nous nous sommes maintenus dans une scrupuleuse neutralité ; nous serons heureux, la paix une fois faite, de continuer avec cette nation les excellentes relations politiques et économiques que nous avons toujours eues avec elle.

Pour éviter les difficultés dans l'avenir, la Turquie fera bien d'écouter avec bienveillance les doléances de quelques-unes des populations comprises dans son empire.

Depuis longtemps déjà, notre ambassadeur appuie auprès de la Porte les réformes demandées par les Libanais. Ces négociations laborieuses n'ont encore abouti à rien.

Je n'ai pas besoin de rappeler au Sénat que nous avons au Liban et en Syrie des intérêts traditionnels que nous entendons maintenir et faire respecter. (Très bien ! très bien !)

Si la Turquie comprend ce langage on peut espérer pour ce pays si éprouvé une reconnaissance qui pourrait n'être pas sans gloire.

Retenons pour la conduite de notre propre pensée la conclusion de M. Poincaré :

Nous suivons au jour le jour l'évolution des événements sans jamais perdre de vue les directions générales que j'ai indiquées tout à l'heure et qui peuvent se résumer ainsi :

Continuité de notre politique extérieure et par conséquent mise en pratique attentive et persévérante de nos alliances et de nos amitiés.

Efforts sincères et continus en vue de l'entente européenne et de la paix.

Par-dessus tout, résolution ferme et calme de faire respecter nos droits et de maintenir hors de toute atteinte notre dignité nationale.

Puisse chaque français s'inspirer de ce langage.

Négociations de Paix et Conférence d'Ambassadeurs

Les considérations développées dans cette revue trouvent leur justification dans la procédure adoptée par les puissances, au lendemain de l'armistice. Les belligérants ne sont point abandonnés à eux-mêmes dans la recherche des conditions de la paix, car la paix qui pourrait leur convenir ne serait certainement pas celle qui conviendrait à l'Autriche, pour ne citer que cette puissance, étant démontré qu'elle aurait beaucoup trop à y perdre.

Alors donc, si le détail des négociations de paix entre les négociateurs bulgares, serbes, grecs, monténégrins et turcs offre quelque intérêt pour les spécialistes, il n'a qu'un intérêt secondaire pour ceux qui n'ont que le temps de chercher des résultats acquis d'où il leur soit possible de déduire des conséquences. La discussion se trouve déjà allégée des deux problèmes les plus épineux, à savoir : les visées territoriales serbes vers un port de l'Adriatique, et l'existence d'une Albanie autonome soustraite aux ambitions des nations confédérées. Tout le reste prendra, aux yeux du public, figure de marchandage.

Le public aura grandement tort, apercevant mal les données du problème en ce qui concerne la Turquie. Pour ce qui est, par exemple, de l'abandon des trois villes qui n'ont pu être enlevées : Scutari, Janina, Andrinople, on conçoit sans peine que si les Turcs, satisfaits d'un reste de suzeraineté sur une Albanie encore imprécise, peuvent se résoudre à abandonner Scutari et Janina, villes excentriques, ils s'efforcent par tous moyens de sauver Andrinople qui fut, avant Constantinople, la capitale de la Turquie d'Europe, où ils redoutent de voir la grande mosquée du sultan Sélim II tomber aux mains des chrétiens, et dont la possession représente à leurs yeux, dans les circonstances actuelles, non seulement une satisfaction d'amour-propre national, mais encore une sorte de garantie que la possession des détroits et de la mer de Marmara n'est pas près de leur échapper. Et c'est là une cause possible d'échec des négociations, pour si peu que la Turquie soit encouragée par la Triple Alliance à une résistance qui favoriserait si bien les plans de l'Allemagne et de ses deux alliées.

Est-il encore écrit que la Turquie, suggestionnée au plus haut point par le redoutable protecteur qu'elle s'est si sottement donné, s'abandonnera à ses impressions impulsives et continuera à lâcher les réalités qu'elle tient pour les imaginations qu'on lui déroule avec complaisance ? Qu'elle pèse donc aux résultats obtenus la valeur des conseils qu'elle reçut. Elle constatera que l'autonomie donnée à temps à la Thrace et à la Macédoine — à temps ? n'était-ce pas au lendemain de l'annexion de la Bosnie-Herzégovine par l'Autriche ? — pouvait la mettre à l'abri de l'orage. Tandis qu'aujourd'hui elle se voit réduite à offrir cette même autonomie sous la pression d'événements de guerre malheureux qui lui enlèvent toute chance d'être écoutée. Elle doit bien voir que l'autonomie albanaise lui est imposée sous un semblant de suzeraineté, parce que l'Autriche et l'Italie ont besoin de cette autonomie et sans que le mérite lui soit laissé de cette concession. Ce n'est pas lorsque ce pays sera gouverné par un prince d'origine européenne ou même par le prince Ahmed Fuad qu'elle pourra espérer donner une valeur pratique à ce droit de suzeraineté qu'en d'autres circonstances on ne lui eût même pas laissé.

Ici même, parlant jadis des espoirs de rénovation de la Turquie, nous exprimions l'opinion que cette rénovation ne serait possible que sous la forme d'une confédération de peuples. Nous ne savions pas que fût en gestation la Confédération des peuples balkaniques. Mais si notre modeste conseil eût été écouté, la Confédération des peuples ottomans eût rendu l'autre sinon impossible, du moins inoffensive.

Quoi qu'il en soit, la procédure actuelle suivie à Londres témoigne que les propositions déposées ou les accords préparés par les négociateurs seront revisés par les ambassadeurs. Il arrivera même que ces derniers soient en avance sur les premiers. Les principales décisions doivent porter :

1° Sur la définition des territoires qui seront laissés à la Turquie ;

2° Sur la possession des îles qui commandent aux détroits ;

3° Sur une limitation géographique de l'Albanie ;

4° Sur un plan de réformes dans la Turquie d'Asie.

Voyons rapidement comment se trouvent posés ces quatre problèmes.

Nouvelle frontière. — Forts des victoires remportées et des positions occupées autour des villes qui n'ont pas encore succombé, les Etats alliés demandent que la Turquie soit cantonnée sur les lignes de Tchataldja. Adoptant même la formule allemande des *antennes*, on propose que la nouvelle frontière vienne en pointe jusqu'à Rodosto, sur la mer de Marmara. Il est plus que douteux que les puissances adoptent cette proposition. La thèse turque s'appuie sur les déclarations successives des puissances, touchant le *statu quo* et le désintéressement territorial, pour proposer des autonomies qui n'ont plus aucune chance d'être agréées et pour réduire à très peu de chose les acquisitions territoriales des alliés.

L'argumentation turque ne manque ni de force, ni d'habileté, en ce qu'elle expose les puissances à découvrir leur jeu d'avenir. Elle est celle-ci :

Sur le point de devenir une puissance essentiellement asiatique, le mot d'ordre du gouvernement de Constantinople doit être : garder en Europe des possessions territoriales suffisantes pour que l'Empire

d'Asie ne soit pas à la merci d'une attaque. L'histoire enseigne que
le possesseur de la région de Constantinople a été le maître de l'Asie
occidentale. Il nous faut être assurés d'un bastion européen suffisamment solide, si nous devons jouer en Asie le rôle qu'on s'accorde
à nous y reconnaître. En d'autres termes, il existe une limite au
delà de laquelle le démembrement de la Turquie d'Europe ne
saurait aller sans impliquer un démembrement de la Turquie d'Asie.

Et cette conclusion est parfaitement logique. Les puissances
ne peuvent manquer d'en être frappées. Sur quoi on peut prévoir
que la nouvelle frontière ira de la mer Noire à la mer Egée, laissant probablement Andrinople à la Turquie, en échange du sacrifice de Scutari et de Janina. Gagnant l'accès à la mer Egée, la
Bulgarie pourra se déclarer satisfaite (1).

La question des îles. — Que la Grèce soit appelée à
augmenter son royaume pélagique, cela ne fait doute pour personne, et le sort de la Crète se trouve désormais réglé à son avantage. Mais il n'est guère admissible, si l'on veut sauvegarder
jusqu'au bout la question des détroits, qu'on dépouille la Turquie
des îles qui en constituent la garde : Samothrace, Lemnos, Tenedos et Imbros. De même faut-il, si l'on entend éviter que soit
posé le problème de la Turquie de l'Asie, que Chios et Mytilène,
vrais morceaux détachés de l'Asie, restent à la Turquie.

Limitation de l'Albanie. — Si l'Autriche et l'Italie
sont d'accord pour que l'Albanie ne soit à l'une ou à l'autre, l'Autriche a mis dans ses plans de la faire servir à une revanche
future qui lui rouvrirait les chemins actuellement fermés de la
mer Egée. C'est pourquoi, tandis qu'elle a obtenu par la pression
de son armée mobilisée, que la Serbie renonçât à la possession
d'un port et d'une bande de territoire, elle propose une Albanie
considérablement étendue qui engloberait Scutari, Prizrend,
Monastir et Janina ! Il n'est pas probable que le brillant second
de l'Allemagne obtienne, même sous la pression de sa mobilisation, un tel avantage qui engagerait si fortement l'avenir. Et l'on
peut prévoir que triomphera la thèse russe, adoptée par la Triple
Entente :

*Seront reconnus comme faisant partie de l'Albanie les terri-
toires habités exclusivement ou en immense majorité par les Albanais. Au contraire, les territoires où une forte majorité de Slaves ou*

-----

(1) Voir les cartes.

de Grecs se trouverait et qui auraient été conquis déjà par les alliés leur seraient laissés.

C'est dans la logique des faits et des choses.

Réformes dans la Turquie d'Asie. — Le gouvernement ottoman, comprenant enfin que son intérêt politique répond à son devoir humain, a arrêté un plan de réformes et nommé une commission composée d'un Européen, de trois musulmans et de trois arméniens.

Les attributions de la commission comportent : *la solution des litiges relatifs aux terres arméno-kurdes, le rétablissement de la concorde entre Arméniens et Kurdes, la réforme de la police et de la gendarmerie, les mesures d'utilité générale, les recettes des vilayets.* C'est là le principal ; mais ce n'est pas tout, et il reste encore à savoir quelle en sera l'application. Il faut croire que cette application laisse d'avance à désirer, étant données les méthodes turques, puisque dans les milieux arméniens on regarde ce projet comme insuffisant.

Que la Turquie ne craigne pas d'être trop libérale dans l'octroi des réformes. C'est là, pour l'avenir, sa meilleure sauvegarde.

A ce point de vue, quelle pourra être l'influence de la formation à Constantinople d'un nouveau parti politique, fondé par Soufti Sikri bey, ancien député de Dersim, et qu'il appelle : *le parti des Innovateurs ?* Ce parti ne tend à rien moins qu'à l'europanisation pure et simple de la Turquie. Il est intéressant de noter ici, d'après le *Tansimnat,* les articles principaux de son programme :

1° *Maintenir le principe de la souveraineté nationale ;*

2° *Faire profiter tous les Ottomans des bienfaits matériels et moraux de la civilisation européenne et mettre la Turquie au niveau des nations européennes ;*

3° *Introduire le régime de décentralisation, mais de telle sorte qu'il ne soit porté aucune atteinte à l'unité politique de l'empire. Faire voter des lois spéciales s'harmonisant avec les besoins locaux ;*

4° *Assurer au pouvoir législatif une entière liberté d'action pour faire appliquer toutes les lois sans sentir les entraves d'une tradition quelconque ;*

5° *Travailler à la création d'un gouvernement laïque et séculier. Ainsi le nouveau parti se gardera bien de sacrifier la population et la richesse du pays à la chimère d'un impérialisme religieux et ethnique ;*

6° *Préconiser la représentation proportionnelle.*

Évidemment, la lutte sera ardente entre ce nouveau parti et et les partis déjà connus : Union et progrès, Entente libérale. Mais il ne paraît pas impossible que les Innovateurs arrivent à imposer tout ou partie de leur programme, les arguments de fait ne devant pas, pour le justifier, leur faire défaut.

Quoi qu'il en soit, il faut prévoir que la Conférence des Ambassadeurs ne suffira pas à la tâche ardue et délicate qui lui incombe à côté des plénipotentiaires de paix et qu'une nouvelle Conférence internationale deviendra sous peu indispensable.

L'avenir de la Turquie d'Asie

J'ai quelque souci, en écrivant ces pages, d'éviter le reproche de partialité ou d'idées préconçues ; c'est pourquoi il ne me déplaît pas, au contraire, de citer tels auteurs dont l'autorité ne puisse être discutée par ceux de nos habituels contradicteurs qui voudraient s'emparer de membres de phrases disséminées çà et là pour combattre nos tendances ou nos conclusions.

Je crois l'avoir suffisamment indiqué jusqu'ici : la question de la Turquie d'Asie se trouve posée, à l'occasion de la guerre turco-balkanique, par la politique austro-allemande et les conséquences que la Triple Alliance entend tirer de cette guerre. D'où il suit que, en défendant la Turquie, nous restons fidèles à la politique traditionnelle de la France envers cette puissance, et nous servons, du même coup, les intérêts les plus évidents de notre pays. Cet ensemble de vérités est joliment démontré dans cet article de Junius, dont nos lecteurs apprécieront comme moi les déductions précises.

Au lendemain des conférences de Potsdam, on notait ici que les accords qui en étaient sortis, sous couleur de raccordements de chemins de fer et de zone d'influence commerciale, équivalaient au fond à l'amorce d'un partage à terme de l'Asie-Mineure, à des préliminaires de licitation entre deux des héritiers désignés ou se donnant pour tels du Malade historique. C'était comme le jalonnement économique des lots qui, dans la pensée des contractants, devaient revenir à chacun d'eux et sur lesquels on s'essayait à asseoir de commun accord une sorte d'hypothèque préventive ayant vertu et avenir de séquestre. Et qui prenait ainsi l'initiative et donnait le signal du lotissement de la Turquie d'Asie, qui en traçait le plan parcellaire ? Le protecteur attitré du Padishah, l'Ombre de Dieu sur l'Islam de Damas à Tanger, l'heure lui ayant paru propice pour faire sentir à l'ancienne alliée traditionnelle ce qu'elle avait à attendre de l'amitié lucrative de l'Allemagne ou à redouter de son hostilité définitive. Bien que, à la reflexion, la politique russe se fût attachée à en restreindre la portée, l'expérience somme toute n'avait pas si mal tourné qu'on dût hésiter à la renouveler, avec d'autres, à l'occasion.

Cette occasion, les événements des Balkans et l'allure qu'ils ont imprimée à la liquidation ottomane ont paru l'offrir. Et nous voyons se poursuivre, cette fois à Londres, la manœuvre de Potsdam et toujours aux dépens des clients de la veille. Après l'aile droite de la Triple Entente, c'est le tour de l'aile gauche de subir l'assaut du Tentateur. Il a été aisé de reconnaître que, si les paroles menaçantes du chancelier allemand étaient à l'adresse de la Russie, elles étaient en même temps à l'intention de l'Angleterre et que le but qu'on s'était proposé était de faire pression sur l'une et impression sur l'autre. A intimider ainsi la Russie, ne gagnait-on pas de confirmer du même coup les radicaux anglais dans leur répugnance à envisager toute participation aux risques d'une action militaire sur le continent, en leur montrant l'ancien adversaire de l'Angleterre en Orient comme une menace immédiate contre la paix européenne et aussi qu'il ne dépendait que d'eux, par un retour opportun aux alliances d'antan, d'écarter définitivement de leur horizon le spectre de la guerre générale ? Cette démonstration s'accompagnait d'ailleurs d'autres non moins suggestives : discours du nouvel ambassadeur d'Allemagne à Londres, satisfecit de M. DE KIDERLEN, voyage du prince HENRI DE PRUSSE. Et ce n'est pas cette fois une île comme Chypre qui serait le prix de l'évolution ainsi escomptée ; à quoi l'Angleterre ne pourrait-elle pas prétendre dans la distribution des dépouilles turques le jour où elle verrait à ses côtés les puissances tripliciennes prêtes à recommencer éventuellement à son profit, et sur quelle échelle ! une guerre de Crimée ? Si l'on considère que parmi ces dépouilles figureraient naturellement en première ligne les provinces d'Asie voisines de l'Egypte, on discernera aisément quels atouts l'Allemagne a dans son jeu et quelle patiente habileté, quelle ferme union il faudra à la Triple Entente pour parer le coup. Reste à savoir, il est vrai, si, par ce qu'il a de bruyant et d'excessif, l'effort ne risque pas de dépasser le but et si l'étalage d'une confiance aussi compromettante dans son succès est avec les Anglais le meilleur moyen de l'atteindre. Je crois qu'il y a de sérieuses raisons pour en douter.

JUNIUS.

Mais il se trouve aussi que le problème de la Turquie d'Asie est posé avec une égale force par le gouvernement ottoman lui-même et par la survivance d'un système politique tout entier établi sur le principe immuable d'une domination absolue, plaçant sous un joug sinon uniforme, du moins aussi lourd, toutes les races valucues ; c'est ce que le commandant DE THOMASSON indique en quelques lignes dans un article des *Questions diplomatiques et coloniales* (16 décembre).

Pendant qu'on causera à Londres de brouilles, parce qu'on juge que le moment n'est pas encore venu d'entamer les gros morceaux, les jours passeront, et en Asie-Mineure, les Arméniens d'une part, les Arabes de l'autre, se chargeront de montrer à l'Europe qu'il y a d'autres problèmes que ceux de la Macédoine et de l'Albanie. Une fois de plus, la diplomatie se sera trouvée en retard d'une idée et d'une année.

On ne saurait mieux dire. Cependant, on peut préciser que les problèmes politiques qui se posent en Asie Mineure sont au nombre de trois : le problème arménien, le problème arabe, et le problème syrien.

Suivant la méthode adoptée dans cette série d'études, nous allons les examiner rapidement.

Le problème arménien. — L'amélioration de la situation des Arméniens est prévue à l'article 61 du Traité de Berlin. Inutile de revenir sur la non exécution de ces réformes. De plus, l'Europe a gardé le souvenir atroce des massacres d'Arménie institués, de 1893 à 1897, par le gouvernement du Sultan rouge, et dont la réplique malheureuse fut donnée à Adana, après la révolution turque de 1909. Et c'est là où la Jeune-Turquie a fait preuve soit d'incurie, soit d'inaptitude.

L'établissement de la Constitution devait surtout lui permettre de poursuivre elle-même les réformes qu'elle risquait de se voir imposer par la force, car on ne bâtit pas sur l'anarchie persistante ; il faut d'abord détruire l'anarchie. Celle-ci consistait, en Arménie, à laisser les populations chrétiennes à la merci, dans leur vie et dans leurs biens, des hordes pillardes des Kurdes. Pour résoudre le problème arménien, il fallait donc tout d'abord, ou soumettre les Kurdes, ou les réduire à l'impuissance. C'était s'assurer d'avance le profit matériel et moral du loyalisme des Arméniens qui, malgré les rudes épreuves subies, se sont toujours montrés des Ottomans.

Or, dès le début des événements actuels, les Arméniens ont eu des raisons de croire qu'ils étaient exposés à payer les défaites turques de Thrace et de Macédoine. Dans le vilayet de Van avaient lieu des assassinats d'Arméniens, entre autres ceux de

l'Inspecteur général des écoles arméniennes et d'un prêtre arménien, et les journaux turcs annonçaient qu'on distribuait des
armes à la population musulmane de Kharpout. C'est par une distribution d'armes que les massacres ont toujours été préparés en
Turquie. Il n'est point étonnant que la colonie arménienne de
Paris se soit émue, et un groupe important d'étudiants arméniens
adressait au *Temps* la lettre suivante :

> Très honoré monsieur,

Les nouvelles alarmantes que nous lisons dans le *Temps* de ce
soir au sujet de la situation en Arménie turque confirment nos
propres renseignements de source authentique. Pour nous il n'y a
aucun doute que de graves événements se préparent.

Les autorités turques continuent leur jeu : elles interdisent le
port d'armes aux Arméniens, tout en favorisant l'armement des
musulmans et leur donnant carte blanche pour accomplir leurs
forfaits.

En Europe, on accuse parfois les Arméniens de ne pas savoir
se défendre. Comment voulez-vous qu'ils se défendent dans des conditions pareilles ? Est-il possible qu'on laisse un peuple sans aucun
moyen de défense vis-à-vis d'une horde sanguinaire (les Kurdes)
armée jusqu'aux dents et toute fière de la protection qu'elle obtient
de la part des autorités ? Et la grande presse continuera-t-elle à
garder le silence en face de la crise que traversent actuellement les
lointaines provinces de l'Asie-Mineure ? Sommes-nous condamnés
toujours à n'entendre ses protestations qu'après le fait accompli ?

Quand on songe qu'un geste énergique du représentant de la
France à Constantinople, ou même une démarche des consuls à Van
ou à Erzeroum saurait réprimer les hordes fanatisées et rassurer la
population en proie à la panique, on a vraiment peine à croire que
la France se refuserait de faire ce geste, en réservant sa protection
aux seuls catholiques d'Orient.

Ce serait la plus cruelle des déceptions pour nous, Arméniens,
qui sommes habitués à rattacher au nom de la France les plus
glorieuses traditions de liberté et d'humanité.

A quoi le *Temps* répondait :

Il va de soi que le gouvernement français fera tout ce qui est
en son pouvoir pour empêcher des massacres en Arménie comme
ailleurs. D'autres puissances ont toutefois des titres au moins égaux
à ceux de la France pour assurer la protection des Arméniens non
catholiques.

Il n'est pas surprenant que les Arméniens désirent voir procéder aux réformes avec des garanties européennes. Il n'est pas

surprenant, et bien que les Arméniens ne paraissent pas réclamer leur autonomie absolue, que la Russie se préoccupe de la
leur faire attribuer. Mais la véritable punition du gouvernement
turc serait que les Kurdes — ces Albanais d'Asie — allassent,
comme on l'annonce, à un mouvement nationaliste imité du mouvement albanais. L'exemple ne manquerait pas d'être suivi par
d'autres. .

Le problème arabe. — Tout le monde sait que la
préoccupation dominante du sultan Abd-ul-Hamid fut de se ménager, par tous les moyens, la soumission des Arabes, et, par
contre, que cette soumission fut toujours précaire. La Turquie
constitutionnelle a hérité du même souci.

Ici, le problème est spécial. Il intéresse des peuples qui
relèvent de la même religion. Mais le mobile d'opposition et de
lutte est de telle nature, qu'il touche au plus profond de l'âme
religieuse. Deux religions différentes peuvent vivre en paix, côte
à côte, par une mutuelle tolérance. Il est rare que deux sectes de
la même religion puissent vivre en paix. Ainsi en est-il du chris-
tianisme et de l'orthodoxie, par exemple dans les Balkans. Or,
c'est une vérité historique que les Turcs ne détiennent pas la
pure doctrine islamique, et c'est une autre vérité historique qu'ils
ont *usurpé* l'institution suprême du Khalifat. C'en serait assez ,
pour expliquer l'interminable agitation politique dans les régions
où l'Arabe est le nombre sous la domination de la Turquie.

Mais d'autres éléments interviennent, qui ressortissent à la
politique européenne. Suggérée, de toute évidence, par l'Allemagne, présidente de la Triple Alliance, l'Italie s'évertue à s'im-
planter sur les côtes de l'Arabie. On l'a vue, pendant la guerre
italo-turque, procéder au blocus des côtes et bombarder même
Beyrouth et Cheick-Saïd. Il a fallu l'énergique protestation de la
France, pour que cet acte ne fût pas renouvelé.

Elle noue, encore aujourd'hui, des intrigues politiques avec
l'un des principaux chefs de la péninsule arabique, Saïd-Idriss,
qu'elle oppose à Mahmed-Yaya, et il semble bien que le premier
soit acquis à l'idée d'un protectorat italien qui viserait l'Yémen
et la position de Cheick-Saïd.

Il n'est donc pas inutile de simplement rappeler ici que la
France serait, par son passé historique, par ses œuvres à Beyrouth et à Damas, par la présence de nombreuses colonies
d'Arabes africains, par les droits réels qu'elle possède sur Cheick-

Saïd, plus désignée que l'Italie pour exercer un protectorat dans ces régions. Mais il est superflu d'ajouter que la France ne désire aucunement un changement dans l'état politique de ces contrées.

Le problème syrien. — A ce problème sont directement liés les intérêts de la France tels qu'ils ont été *définis* par M. POINCARÉ et affirmés par un acte d'importance internationale. C'est, sous une appellation, sinon plus exacte, du moins plus connue du public français, toute *la question du Liban*, rendue populaire par l'expédition de 1860 :

> Partant pour la Syrie, — le jeune et beau Dunois, — ... etc.

Comment se pose le problème syrien devant le gouvernement ottoman ? La dépêche suivante répond à cette question ; elle fut adressée récemment à KIAMIL PACHA.

> *Procéder à la simple nomination d'un titulaire au gouvernement du Liban, et omettre l'importante question des réformes, c'est ouvrir la question du Liban et non point en brusquer la solution, et cela d'une manière inopportune et à une heure trop grave. Aussi pour l'éviter, nous vous conjurons, Altesse, de procéder plutôt à la désignation d'un intérimaire, sinon à la proclamation préalable des réformes demandées.*

> Pour le Comité libanais de Paris :
> CHEKRI GANEM, K.-I. KHAÏRALLAH.

Les deux signataires sont bien connus à Paris, le premier pour sa pièce d'*Antar*, jouée à l'*Odéon* ; le second pour les remarquables articles publiés par lui dans le *Temps* sur les *Affaires de Syrie*.

On sait que le Liban jouit d'une autonomie administrative, sous la suzeraineté turque et que son développement économique se trouve considérablement gêné du fait que Beyrouth, le grand port du Liban, distrait de celui-ci par une totale incompréhension politique et économique, est livré à toute les bizareries de l'administration turque, coutumière de toutes les entraves. La désignation du Gouverneur a donc une importance très grande, en ce que se symbolise dans la personnalité choisie le plus ou moins grand désir qu'a le gouvernement ottoman de réformes efficaces. Les pouvoirs de ce gouverneur doivent être strictement définis et limités, car dans l'état actuel des choses il échappe, comme le dit le *Temps*, à tout contrôle, turc ou étranger, *invoquant contre la Turquie l'Europe, et contre l'Europe la Turquie.*

L'influence que pouvait exercer la France sur la désignation du Gouverneur et, par suite, sur les réformes elles-mêmes, est tombée en quenouille dans la main des hommes d'Etat français qui ont eu la coupable sottise de subordonner la politique nationale au degré plus ou moins grand d'anticléricalisme dont faisaient montre ceux qui détenaient momentanément le pouvoir. M. Poincaré a généreusement rompu avec cette politique essentiellement désastreuse. On peut donc croire qu'il a déjà appuyé la demande si raisonnable et si respectueuse des délégués libanais, auxquels est venu se joindre dernièrement Mgr Zouaïn.

On assure que le Gouvernement ottoman serait disposé à introduire des réformes sincères et efficaces. Et ce serait peut-être pour en témoigner qu'il aurait déjà consenti à ouvrir, en dehors de Beyrouth, à Djoumi, un port qui aura le caractère nettement albanais, et où cependant le gouvernement et l'administration turcs pourront exercer leur contrôle. L'ouverture de ce port était demandée depuis longtemps, et je crois savoir que la *Compagnie des Messageries Maritimes* a déjà pris ses dispositions pour y faire escale.

Mais si la Syrie réclame avec insistance les réformes dont l'octroi lui est acquis depuis 1860, il est à noter de la façon la plus formelle, que le Liban est demeuré loyaliste envers la Turquie. Il faut en voir la preuve dans la *souscription en faveur des familles turques éprouvées par la guerre,* ouverte sous les auspices du patriarche maronite, représentant séculaire de l'influence française. Et c'est sans doute à celle-ci qu'est dû un tel loyalisme, pour ce que la France n'a jamais travaillé à le détruire. En dirait-on autant des régions de la Turquie où l'Allemagne répand son influence par le canal de ses voyageurs de commerce, de ses missions scientifiques et des agents secrets de son panislamisme spécial ?

Les destins de la Turquie s'accomplissent. Ils sont ou seront non pas seulement ceux que les tiers ont pu ou pourront encore vouloir déterminer, mais aussi ceux qu'elle s'est déjà faite ou se fera à elle-même dans l'avenir. Nous lui avons, dans cette publication, témoigné notre sympathie et notre sollicitude. Ce faisant, nous sommes restés dans la tradition française. La suite des événements à échéance de quelques lustres seulement, dira, en outre, si notre politique correspondait exactement à l'intérêt de la France.

Mais, pour que cette étude ait toute la portée pratique que j'ai voulu lui d`aner, il me restera à examiner les rapports qu'on a voulu établir, en faussant la nature des choses, entre l'ottomanisme et les sentiments de nos sujets et protégés musulmans dans l'Afrique du Nord et à dégager ce que j'ai déjà appelé *la leçon coloniale des Balkans*. C'est ce que j'essaierai modestement — et sincèrement — dans une prochaine étude.

28 décembre 1912.

P.-S. — La mort inopinée de M. DE KIDERLEN-WÆCHTER est-elle susceptible d'apporter un apaisement dans le conflit international latent que les événements des Balkans ont fait naître? C'est fort possible.

Pour nous, nous sommes reconnaissants à cet ennemi d'avoir, par sa brutalité, rendu la France à elle-même.

Paix et Révolution

On escomptait déjà la paix. Par de savantes ou d'habiles passes oratoires exécutées dans un salon à Londres, avec la quasi assistance d'une conférence d'ambassadeurs, les délégués des puissances belligérantes se disputaient les conditions d'un traité que les uns et les autres voulaient solide ou espéraient définitif. De part et d'autre on affichait des intransigeances qu'on basait sur un désir d'intervention européenne ou sur un espoir de division finale entre la Triple Entente et la Triple Alliance. La discussion traînait d'abord, puis aboutissait à une impasse...

Déjà, l'Europe, unie tout au moins en apparence, était intervenue dans une forme qui devait do. er à croire à la Turquie que le jeu des atermoiements pouvait devenir dangereux. Le gouvernement ottoman, impressionné plus encore par l'état réel de ses forces, de ses finances et de ses provinces d'Asie que par le ton à demi-comminatoire de la Note des Puissances, venait de solennellement délibérer par le moyen d'un Divan, et KIAMIL PACHA se préparait à rédiger une réponse qu'on pouvait espérer satisfaisante, lorsque, brusquement, sans qu'aucune ambassade ait paru le prévoir, un coup de force dirigé par TALAAT bey, et exécuté par ENVER bey, gendre du sultan, est venu renverser le gouvernement de KIAMIL et rendre le pouvoir aux Jeunes-Turcs, depuis quelque temps surveillés, traqués et même emprisonnés.

Révolution, par *pronunciamiento*, condamnable *a priori* parce que exécutée devant l'ennemi — mais révolution dont les Turcs ne sont pas seuls à fournir des exemples dans l'histoire.

Suivant les conséquences qu'elle aura, cette révolution nouvelle impressionne ou inquiète. Elle impressionne et mérite les circonstances atténuantes si elle est vraiment le sursaut d'un peuple qui veut sauvegarder ce qu'il croit être son honneur et sauver ce qui lui reste de grands intérêts en décidant qu'il remportera une victoire efficace bien que tardive, ou qu'il s'ensevelira dans une défaite devenue complète et définitive. *Vaincre ou mourir*. Elle inquiète si elle n'est que la revanche d'un parti politique désireux de se ménager le mérite d'une résistance qu'il sait ne pas pouvoir pousser fort loin. Elle inquiète beaucoup plus fortement encore si elle est le résultat d'une action diplomatique cachée de la puissance la plus bruyante visant à reprendre une influence qui menaçait de lui échapper. Dans le premier cas, on ne pourrait s'empêcher d'admirer ; mais il resterait le regret d'avoir à constater que, d'un côté, le meurtre de Nazim pacha prive la Turquie de son meilleur homme de guerre, et que, d'un autre côté, le pouvoir est donné à celui qui, s'étant trop préoccupé de politique, demeure responsable de la désorganisation militaire qui a abouti aux désastres que l'on sait. Dans quelle mesure le parti qui revient au pouvoir est-il capable de rendre à la Turquie la notion exacte de toutes les possibilités et la conscience de ses destinées ? Pour répondre à une telle question, ce ne sont pas de simples impressions qu'il faut donner, mais une argumentation portant sur des faits précis et dont on aperçoit les conséquences possibles. Mais procédons avec ordre et méthode.

La paix qui venait

Elle pouvait être parfaitement honorable, et elle serait un fait accompli depuis quelques jours si les intrigues des puissances centrales principalement, visant d'un côté une Albanie à définir et à délimiter, d'un autre côté une Roumanie à garder dans une attraction qui, du reste, paraît contrarier le sentiment populaire roumain, n'avaient fini par amener la confusion dans l'ensemble des tractations internationales qui touchent directement à la conclusion de la guerre balkanique ou qui relèvent des assurances à prendre contre ses conséquences.

Il était facile de prévoir que la question d'Andrinople pouvait devenir la pierre d'achoppement des négociations, étant donné l'attitude au premier abord intransigeante des deux parties. On avait cependant le droit d'espérer qu'une transaction serait possible, avec le concours des puissances, sur cette question importante et délicate.

En effet, s'il était de l'intérêt des Bulgares de réclamer cette place par eux investie, il n'était pas de leur part politique d'exiger des Turcs un sacrifice qui pouvait leur paraître excessif, la place ne s'étant pas rendue, et force leur était de tenir compte des trois faits suivants : *a*) leurs ennemis paraissaient solidement installés sur les lignes de Tchataldja ; *b*) l'armée bulgare, fatiguée à l'extrême, n'était nullement assurée de pouvoir reprendre la série de ses exploits ; *c*) le secours à attendre des alliés balkaniques paraissait devoir être tout à fait insuffisant, les troupes serbes et grecques étant retenues aussi bien par la garde des territoires conquis que par l'imminence du problème Albanais, et l'armée monténégrine ne comptant pour ainsi dire plus. En outre, la question bulgaro-roumaine des frontières de la Dobroudja offrait le danger d'une autre guerre où la Bulgarie risquait de se trouver en mauvaise posture.

De leur côté, les Turcs devaient considérer que la ville d'Andrinople était exposée à succomber d'un moment à l'autre et avant qu'il leur fût possible de la débloquer, la position de l'armée turque ne pouvant plus être que celle de la défensive derrière les lignes fortifiées de Tchataldja.

Dès lors, on entrevoyait sans peine que la paix serait conclue sur cette double proposition concernant Andrinople : démantèlement de cette place forte, partage de la ville suivant le cours de la Maritza, la partie restant à la Turquie étant précisément celle qui contient les monuments pieux auxquels elle attache un si haut prix. C'est ce qui se trouvait formulé en dernier lieu dans la presse de divers pays. Sur quoi, la définition des frontières paraissait devoir être celle que je citais dans le dernier numéro (1) soit, plus explicitement : de la mer Noire, en partant de Midia à la mer Égée, par la vallée de l'Ergène et le golfe d'Enos.

Et la Turquie, désormais délivrée du cauchemar balkanique, pouvait s'atteler résolument à sa renaissance asiatique, étant assurée de trouver auprès des puissances le concours *moral et matériel* dont la perspective était inscrite dans la note remise par les ambassadeurs, et ayant la liberté de choisir, comme guides

---

(1) *Revue Indigène*, décembre 1912, p. 818.

et conseillers, tels peuples sur le désintéressement de qui elle savait pouvoir compter davantage.

C'était bien le plan de Kiamil pacha. Mais on savait trop, dans certaine capitale, que ses sympathies allaient à la France et à l'Angleterre, pour qu'une telle tendance ne lui fût pas imputée à crime.

Les suites possibles de la Révolution

Les événements de Constantinople ont bien moins le caractère d'une révolution que celui d'une révolte accomplie par quelques personnages turbulents et audacieux, et rendue triomphante par un concours de circonstances presque inespérées. Il semble que le pays, lassé et résigné à tout, ait conscience de l'inutilité de sa résistance au destin, mais qu'il supportera tout de même celui-ci de la main de ses gouvernants, quels qu'ils soient, et tels qu'ils se succèdent par des coups de force ou d'habileté dont il n'aperçoit pas les raisons cachées. Je parle surtout de Constantinople.

Tout le problème est donc de savoir si les nouveaux gouvernants sont capables de rendre moins mauvaise la situation de la Turquie, et d'éviter à celle-ci tous les dangers qui la menacent.

Déjà, de savoir qu'Enver bey, qu'on peut présumer être le véritable meurtrier de Nazim, est le gendre du Sultan, donne à penser que l'acte de force était connu du Palais, et l'on sait, en tout cas, qu'il n'y a rencontré aucune réprobation. S'il est vrai, en outre, qu'une réconciliation ait eu lieu entre le Sultan déchu, Abd-ul-Hamid et le Sultan régnant, Mehmed V, c'est pour donner à croire que l'Europe va se trouver en présence de difficultés nouvelles, d'un ordre plus dangereux encore que les précédentes. Et si l'on constate que le premier geste des nouveaux gouvernants fut de se tourner vers la *Deutsche Bank*, comme nous le verrons plus loin, c'est pour donner à préjuger que du fait de l'Allemagne le problème de la Turquie d'Asie se trouvera incessamment posé, menaçant la paix de l'Europe dans les conditions les plus redoutables.

Le nouveau ministère ottoman a le choix entre deux voies : ou bien se laisser aller à toutes les excitations d'un fanatisme exacerbé par les circonstances et qui peut avoir ses représentants dangereux aussi bien dans les basses couches de la population que dans certaines sphères instruites ; ou bien s'adapter pleinement aux faits actuels, et, satisfait de retenir le pouvoir et d'en avoir les profits variés, réaliser lui-même, en ménageant l'amour-propre des croyants, l'œuvre que le cabinet précédent avait préparée avec une sincérité plus grande.

Les esprits exaltés qui existent en Turquie, comme il en existe dans d'autres pays, peuvent se complaire dans la vision d'une action militaire ou diplomatique qui, accentuant les points de désaccord existant entre la Triple Entente et la la Triple Alliance, conduirait ces deux groupements à l'état de guerre. Le moins qui pourrait survenir à la Turquie, ce serait de sombrer elle-même dans la formidable tourmente. Il pourrait aussi lui arriver que les puissances s'accordassent à ses dépens. Ce point de vue est clairement exposé dans de nombreux journaux allemands, qui, faisant allusion à un partage possible de la Turquie d'Asie, en escomptent les profits pour l'Allemagne — tels le *Reichsbote*, la *Deutsche Tages Zeitung*, les *Neuesten Nachrichten* — et plus spécialement dans les *Dernières nouvelles de Berlin* :

> Peut-être bien que ces héros de la liberté qui s'appellent les jeunes-turcs croient que l'Allemagne et ses alliées vont se dresser contre la Triple-Entente, pour sauver la Turquie. C'est là, à notre avis, une espérance bien trompeuse.
>
> Assurément, nous tâcherons de maintenir la Turquie d'Asie-Mineure aussi longtemps que cela sera possible, mais nous ne nous sacrifierons pas pour défendre son existence.
>
> Si la Turquie d'Asie devient un jour l'occasion d'une guerre européenne, ce ne sera point parce que l'Allemagne aura voulu empêcher la destruction de l'empire ottoman, mais bien parce qu'elle n'aura pas admis qu'on l'exclue d'un nouveau partage du monde. La Turquie n'aurait rien à attendre d'une telle guerre.

Pour apprécier ce langage comme il convient, il suffit de savoir : que l'Allemagne s'efforce par tous moyens d'augmenter son hypothèque économique — allant jusqu'à obtenir un certain degré d'autonomie pour ses colonies agricoles de Mésopotamie — et ce, soit qu'elle compte les réaliser sur place, soit qu'elle espère les monnayer ailleurs, dans l'Afrique équatoriale, par exemple. Le jeu allemand peut être aperçu de quiconque sait rapprocher ses lectures quotidiennes. Voici, pour contrôler l'hypothèse ci-dessus, le langage de M. Théodore Wolff, dans le *Berliner Tageblatt* :

> La politique dans laquelle M. de Bethmann-Holweg a engagé l'Allemagne, cette politique, qui a dégénéré en une brutale et humiliante tentative de chantage, vient d'avoir les conséquences que nous

avions prévues, et nous ne sommes qu'au commencement des cala-
mités que cette faute indicible doit entraîner après elle.

Tout ceci apparaît donc fort clair. Peut-on espérer que cette
clarté frappera le nouveau cabinet turc, comme elle frappe les
spectateurs, et que la Turquie saura se reprendre ? Ou bien faut-
il craindre que les Jeunes-Turcs s'obstinent dans l'incompréhen-
sible aveuglement qui les a poussés vers l'Allemagne, en réalité
leur plus mortelle ennemie ? Le général Chérif pacha ne déguise
point sa pensée là-dessus :

J'ai eu certains indices pendant mon séjour à Constantinople
que l'Allemagne et l'Autriche travaillaient secrètement et très adroi-
tement à l'arrivée au pouvoir du comité Union et Progrès.

De très hautes personnalités allemandes, pendant mon dernier
séjour à Constantinople, ont essayé avec insistance de me récon-
cilier avec le comité.

Les agents de la Triplice faisaient ressortir partout l'indifférence
de la Triple-Entente et surtout de l'Angleterre à l'égard de la Turquie, en encourageant la résistance à Andrinople. L'opinion publique
était préparée, le patriotisme aidant, à accueillir favorablement ce
revirement.

La Turquie a maintenant l'Europe contre elle. Car l'Autriche et
l'Allemagne la soutiendront-elles effectivement ? Elles ont signé la
note qui a déterminé Kiamil pacha à céder aux puissances.

C'est donc pour leur avoir obéi que le cabinet tombe. Et si maintenant elles soutenaient le comité, elles apparaîtraient, elles aussi,
à double face ; et il est peu probable qu'elles osent se montrer en
pleine lumière dans cette attitude contradictoire à quelques jours
d'intervalle.

De plus, la Turquie, ayant l'Europe contre elle, va-t-elle rester
unie ?

Les Arabes, les Kurdes et l'élément chrétien d'Asie-Mineure ne
cachaient pas hier leurs aspirations décentralisatrices ; ne vont-ils
pas demain avoir et manifester des idées séparatrices ? Car ils ont
assez souffert du comité Union et Progrès, nationaliste turc à ou-
trace, pour que le retour de celui-ci au pouvoir suscite chez eux les
résolutions les plus énergiques.

Quant au comité, il semble, comme je l'ai dit maintes fois, qu'il
ait juré la perte de notre pays. Il veut aussi, à ce prix, sauver ses
chefs très compromis.

.....Une contre-révolution reste imminente. Les hostilités vont
recommencer.

Résisterons-nous longtemps à Tchataldja devant les canons de
siège récemment amenés ?

En tout cas, nous paraissons bien incapables de prendre l'offensive et de continuer la guerre, vu le manque d'argent. Dans le budget de cette année, il y a déjà un déficit de 506 millions.

Est-ce seulement contre les peuples balkaniques alliés que nous aurons à lutter, les armes à la main ?

L'Asie-Mineure ne sera-t-elle pas envahie comme la Turquie d'Europe, et le Bosphore menacé ? La situation ne peut, à tous points de vue, être plus grave.

Eh bien ! n'en déplaise au général Chérif, l'Allemagne soutient bien le Comité révolutionnaire. Jusqu'où ira cet appui ? C'est le secret de demain. Mais on peut être assuré qu'il ira jusqu'où le voudra l'intérêt exclusif de l'Allemagne.

Il reste cependant un espoir. Tel membre du nouveau cabinet proclame volontiers que « le gouvernement actuel n'est pas un « gouvernement d'exaltés voulant risquer des aventures et prêt « à tout renverser. Il veut entretenir les meilleures relations « avec toutes les puissances, se rendant parfaitement compte « que leur sympathie et leur amitié sincère sont de toute néces- « sité à la Turquie, qui trouvera en elles un appui moral et « matériel pour son relèvement et son développement. Ensuite, « le gouvernement veillera à l'apaisement à l'intérieur et au res- « pect des nationalités... »

Et ceci laisse à supposer que le cabinet actuel rédigera une Réponse aux Puissances, tout à fait semblable à celle que Kiamil se préparait à envoyer.

Les Hommes du coup d'Etat

Il n'est pas indifférent de bien connaître les hommes qui écrivent la Grande Histoire. Avant de parler des vivants, parlons du mort. Nazim écrivait ceci :

J'apprécie trop le caractère sacré du militaire pour ne point comprendre que la politique n'entre pas dans son rôle et j'ai eu toujours pour but de servir la patrie avec une impartialité absolue, sans entrer en relations avec n'importe quel parti politique, sauf dans les cas exigés par mes attributions officielles. Je ne me suis occupé et je ne m'occuperai jamais de politique. D'ailleurs, j'ai vu et compris par des épreuves trop rudes tout le préjudice qu'entraîne la participation de militaires à la politique. Je trouve indispensable pour les militaires de s'abstenir de politique.

Ce n'est pas là l'esprit des pronunciamientos. Le nouveau grand-vizir est de l'école opposée. Il fit sans grands périls la conquête de Constantinople. Il fut le général d'une Révolution que ses débuts firent espérer plus productive de bien. Or, ayant été, à la suite, pendant trois ans à la tête de l'armée turque, il demeure responsable de la défaite. « C'est à lui, MAHMOUD CHEFKET « pacha, dit le *Temps*, qu'on doit demander compte d'un recru-« tement anarchique, d'une scandaleuse disette d'officiers, d'une « intendance inexistante, d'un désordre général et persistant. » C'est donc un bien mauvais élève du maréchal VON DER GOLTZ, celui dont le baron MARSCHALL, ambassadeur d'Allemagne, disait : « Ce n'est pas un Turc, c'est un Prussien ! »

Le *Temps* précise sur chacun des hommes du coup d'Etat :

TALAAT BEY ne s'est distingué que par le truquage des élections. HAKKI PACHA s'est signalé par son obstination à dégarnir Tripoli de troupes. Ces hommes sont ceux-là mêmes qui ont perdu la Roumélie, la Bosnie, l'Herzégovine, la Cyrénaïque et la Tripolitaine et préparé la perte du reste. Car c'est sous leur règne imprévoyant que, depuis l'automne 1911, s'est formée l'alliance balkanique. C'est l'un des leurs, DIAVID BEY, qui en 1910 a refusé le contrôle financier par où la Turquie peut-être eût pu se préparer à la guerre. Depuis que la guerre a éclaté, ils n'ont pas participé à la défense. MAHMOUD CHEVKET a vécu dans son konak de Scutari d'Asie, non sans troubler la résistance par diverses tentatives de revenir au pouvoir. HAKKI a continué à Péra la vie d'épicurien qui a toujours été la sienne. DJAVID BEY, TALAAT BEY, ISMAÏL HAKKI BABANZADÉ et quelques autres . ont séjourné à Marseille, à Vienne et ailleurs. Tels sont les titres des rédempteurs qui s'offrent à sauver la malheureuse Turquie. Que ces titres soient médiocres, nul ne le contestera.

Sans doute, il reste ENVER bey, dont ici même j'ai signalé l'activité en Tripolitaine, où, du reste, il avait juré de rester pour continuer la lutte contre l'Italie : serment déjà violé, moins peut-être par dévouement à l'empire menacé que par soif d'agitation et de pouvoir. M. ANDRÉ DUBOSC, qui a voyagé avec lui dans les Balkans, nous le dépeint sous des couleurs peu favorables. Après avoir noté l'expression particulière de son regard où passent successivement de la douceur et de la violence, notre confrère ajoute :

Son langage était comme son regard, à la fois modeste et orgueilleux, puéril et assuré. « Quand nous fûmes entrés à Constantinople, en 1909, me racontait-il, mes camarades me dirent : « Prends le pouvoir, tu seras un nouveau Napoléon. » Touchant l'expédition récente d'Albanie, il m'assurait le plus sérieusement du monde que les Albanais non seulement étaient à tout jamais soumis, mais qu'ils avaient enfin compris la nécessité d'entreprendre de grands travaux publics et qu'ils allaient immédiatement se mettre à la besogne. Un peu plus tard, il ajoutait que le gouvernement ottoman devait même se féliciter de la révolte, puisqu'elle lui permettait *d'imposer* aux Albanais les travaux en question.

Le jugement ne me parut pas être la principale qualité de ce jeune homme. Le parti pris de trouver tout pour le mieux dans la meilleure des Jeunes-Turquies était chez lui trop évident. Parti pris ou conviction ? Les deux, sans doute. En tout cas, il porta le même esprit, l'an dernier, en Cyrénaïque. J'eus à Tripoli l'écho de ses prouesses, toujours les mêmes : exaspération du sentiment patriotique des masses par l'ascendant de son nom, de son rang et sûrement aussi de son aspect singulier. Sous des manières policées, dans lesquelles on surprend cependant de légers accrocs, sur un visage d'homme civilisé, un éclair passe, qui évoque le jeune barbare prêt à tout pour l'amour du combat, de la victoire brutale et immédiate.

Agitateur dangereux, sans diplomatie, pas même politicien, il n'a rien compris au mouvement albanais de 1911, il n'est pas parvenu à convaincre les Senoussis, l'année dernière, de se lever en masse contre les Italiens et de compromettre leur prestige religieux dans les luttes politiques éphémères ; après avoir déclaré qu'il continuerait pour son compte la lutte avec les Arabes, il échappa à ceux à qui il avait juré dans la bataille de ne pas les quitter, et arriva à Constantinople. Là, il reprend son rôle d'agitateur et son geste d'hier dans la salle du Conseil prouve qu'il se souvient des encouragements de ses camarades de 1909. Jouer les Napoléons, fût-ce contre le sultan dont il est parent : cette fois peut-être y est-il plus décidé qu'alors. On verra où cet agitateur sans talent politique mènera enfin son pays.

Tels sont, ou paraissent être les hommes du récent coup d'Etat qui ne sera vraisemblablement pas le dernier. Le général Chérif ne contredirait pas à ces portraits. Et, peut-être, est-ce parmi les hommes de l'ancien régime que la Turquie eût trouvé ses meilleurs ministres constitutionnels.

Le rôle de l'Allemagne

Il apparaît nettement excentrique par rapport à la politique européenne. Celle-ci se conçoit, pour autant qu'on puisse suivre le travail des chancelleries, renfermée dans cette double formule: localisation des conflits, désintéressement et neutralité effective. Le désintéressement n'est pas la qualité dominante du germain.

Celui-ci ne paraît pas disposé à imiter son voisin de l'Est, le russe qui a su jusqu'ici résister et aux excitations venues de l'Autriche et à la tentation de prendre, sans coup férir, une Arménie qu'il juge indispensable à l'harmonie de son empire mi-asiatique et mi-européen.

Comparons, au lendemain du coup d'Etat. L'officieuse *Rossya*, organe du Ministère des Affaires étrangères russes, écrit :

> Bien que la situation à Constantinople soit nouvelle, l'attitude des puissances en ce qui concerne la guerre balkanique reste telle qu'elle a été indiquée dans la note collective remise à la Porte. Le gouvernement russe, plus que jamais conscient de mettre fin à la guerre, fera tous ses efforts pour atteindre ce but, et nous avons des raisons de croire que l'Europe entière est unanime à poursuivre le même dessein ; elle attend du nouveau cabinet turc, qui a besoin de la confiance des puissances, le même esprit de conciliation raisonnable, conforme aux intérêts de la Turquie, dont faisait preuve récemment le cabinet KIAMIL PACHA, si inopinément disparu.

Certes ! on trouverait dans la presse allemande des articles analogues. Le malheur est que les actes contredisent les dires. Au lendemain du coup d'Etat, après la visite de MAHMOUD CHEFKET et d'ENVER à l'ambassadeur d'Allemagne, on apprenait, à n'en pas douter, que la *Deutsche Bank* consentait à la Turquie une avance de 50 millions en échange de la concession du métropolitain de Constantinople, concession accordée à M. HUGUENIN, directeur des Chemins de fer d'Anatolie, agissant au nom de la *Deutsche Bank*. Pour apprécier ce fait, je ne saurais mieux faire que de reproduire ici l'article judicieux que M. JEAN HERBETTE lui a consacré dans l'*Echo de Paris*.

Cette nouvelle est trop grave pour ne pas exiger des commentaires que nous allons indiquer brièvement, et des explications que nous attendons avec curiosité. En adressant à la Porte la note collective du 17 janvier, que faisait l'Europe ? Elle mettait le gouvernement turc en demeure de choisir entre certains sacrifices qui devaient lui assurer « l'appui moral *et matériel* des grandes puissances » et une intransigeance qui devait le conduire à la faillite et au démembrement. Pour cause de *pronunciamiento*, la Porte n'a pas encore pris son parti ni donné sa réponse. Mais l'alternative, posée par l'Europe subsiste ; et l'Allemagne ne s'en désintéresse point, puisque sa gazette officieuse a publié un communiqué pour recommander aux puissances de rester unies. Comment donc des financiers allemands peuvent-ils offrir à la Turquie le moyen d'être à la fois intransigeante et solvable, c'est-à-dire précisément ce que la note collective lui refusait ?

Soutiendra-t-on à Berlin que ces financiers agissent de leur propre mouvement et que le gouvernement de GUILLAUME II ne les connaît pas ? Ce serait oublier un détail et un précédent qu'on nous pardonnera de rappeler.

Non seulement le groupe qui vient de promettre une avance à la Turquie est habituellement associé à la politique extérieure de l'Allemagne, mais l'affaire même qui sert de prétexte à son avance, n'a pu être conclue que par l'intervention de la diplomatie impériale. Il s'agit en effet du chemin de fer métropolitain de Constantinople, qui a été concédé à une société allemande en échange de l'adhésion donnée par le gouvernement de Berlin à un projet de surtaxe douanière. On conviendra qu'après avoir obtenu leur titre en échange d'un engagement officiel de l'Allemagne, les concessionnaires n'ont pas dû consentir un prêt aussi considérable et aussi scabreux sans l'approbation de leur ambassadeur.

Ce n'est d'ailleurs pas la première fois qu'un gouvernement musulman, sympathique à l'Allemagne, profite tout à coup d'une initiative allemande que les déclarations de la Wilhelmstrasse ne permettaient pas de prévoir. Au mois d'août 1905, en dépit des droits reconnus aux banques françaises par le sultan du Maroc et en dépit du langage que l'Allemagne avait tenu à M. ROUVIER, un groupe d'importantes banques allemandes négociait, à Fez, un emprunt dont M. SAINT-RENÉ-TAILLANDIER disait : « Une telle opération aurait pour effet de donner un nouvel encouragement aux résistances que le Maghzen oppose aux réformes. » Écrivez *Sublime-Porte* au lieu de *Maghzen*, écrivez *cessions de territoires* à la place de *réformes*, et vous aurez jugé l'opération qui se poursuit actuellement en Turquie.

En France, où l'on refusait, bien avant la crise actuelle, d'admettre un emprunt bulgare, et où l'on vient de refuser une avance à la Turquie, on aimerait à savoir comment l'emprunt allemand de Constantinople se concilie avec la solidarité des puissances et avec les devoirs de la neutralité ?

Il est bien évident que l'Allemagne et l'Autriche, son second, ne se sont résolues à un rôle à peu près passif que parce qu'elles avaient escompté la victoire des Turcs, et qu'il leur tarde d'entamer une politique de réalisations, l'Autriche sur les côtes de l'Adriatique, l'Allemagne en Asie mineure.

Il n'est pas jusqu'au panislamisme germanique, cette vieille connaissance, qui ne soit mis en mouvement. Et j'ai reçu, il y a quelques jours à peine, une brochure signée d'un égyptien connu que je ne veux pas nommer ici, brochure éditée en Suisse, et qui constitue une sorte d'appel à l'Islam, pour une Croisade à rebours. Oh ! bien pâlot, ce factum, manquant totalement d'inspiration et de souffle, et sentant bien le *travail commandé*, car si l'auteur y vitupère contre la conduite de l'Angleterre et de la France dans leurs colonies respectives, ou contre leurs ambitions en Asie mineure, en revanche, l'action de l'Allemagne en Orient n'y est même pas indiquée et le nom de l'Allemagne n'y est pas imprimé une seule fois !

Nous savons à quoi nous en tenir sur la sincérité de ces manifestations et leur portée exacte.

Le problème de la Turquie d'Asie

Il faut bien y revenir, puisqu'il pointe à l'horizon. J'aurai sans doute à préciser un jour le travail de l'Allemagne en Orient. Contentons-nous de savoir aujourd'hui que l'agent le plus actif de la dissolution et de l'effondrement de l'Empire ottoman est indiscutablement celui-là même qui s'est donné devant le tombeau de SALADIN pour le Protecteur de tous les Musulmans.

« Je t'embrasse, mais c'est pour mieux t'étouffer, mon enfant ! » pourrait dire le loup germain.

Ce qui pèse sur l'Empire ottoman aussi lourdement que les ambitions des puissances sur des terres que la Turquie a faites désertiques et désertées ou qu'elle a laissées inorganisées et faiblement productives (1), c'est l'élan de rénovation qui secoue les

---

(1) Il faudrait, en vérité, considérer cet empire comme *res nullius* ; il est désert ; les 50 millions d'hectares de l'Asie mineure n'ont pas 20 habitants au kilomètre carré : les 63 millions d'hectares de la Syrie et des Fleuves n'en ont pas 7 ; les déserts de l'Arabie et leurs 44 millions d'hectares n'en ont pas 2.

Paradoxe que sans peine expliquent les fantaisies de l'administration ottomane : les pentes et gorges du Taurus avec leurs 2 millions et demi d'habitants et leurs 20 millions d'hectares avaient, avant les massacres arméniens, et ont encore, malgré ces massacres, une population plus dense que les plaines, les admirables plaines d'Antioche, de Ninive et de Babylone !

Dans l'ensemble, cette Turquie d'Asie (en ne mesurant toujours que les préfectures, les provinces réelles) a quelque 180 millions d'hectares. Au taux de la Sicile, ces bonnes terres devraient nourrir 110 millions d'hommes. Trois fois plus petite que cette Asie ottomane, l'Espagne (50 millions d'hectares) a une population égale (19 millions d'habitants : de part et d'autre la proportion de terres montagneuses ou désertiques inutiles est la même, pourtant l'Espagne, de tous les pays européens, a la population la moins dense. Peuplée comme l'Italie — que des montagnes encombrent également — cette Turquie d'Asie aurait 130 ou 150 millions d'habitants. Peuplée comme la France — qui, nulle part, n'a les champs de Pergame, d'Aïdin, de Tarse, de Rome, de Boers, de Mossoul, de Bagdad — elle dépasserait encore 100 millions. Elle n'en a sûrement pas 20 aujourd'hui.

(VICTOR BÉRARD : *Le Sultan, l'Islam et les Puissances*).

nationalités qu'elle n'a point respectées et qu'elle n'a pas su
s'attacher. Parmi ces peuples soumis mais non gagnés, le peuple
arabe nous intéresse ici particulièrement. Or, voici ce qu'un
publiciste d'origine arabe a publié récemment dans le *Temps* :

J'ai exposé dernièrement aux lecteurs du *Temps* en quoi pourraient consister les réformes demandées par les Arabes en Turquie.
Ce mouvement prend de jour en jour plus d'intensité et gagne les
plus paisibles contrées pour devenir presque général. A peine Beyrouth a-t-il affiché son initiative que son exemple est suivi de proche
en proche : Damas, Alep, Tripoli, Sidon, Tyr, Saint-Jean-d'Acre
et toute la vieille Phénicie secouent leur torpeur et s'associent aux
aspirations nouvelles. Des comités se créent spontanément à Constantinople, en Egypte et ailleurs, pour encourager et répandre le
mouvement dans toute l'Asie-Mineure.

La lumière des faits éclaircra mieux encore ce que je viens
d'avancer. Pour ne pas tout citer, je me bornerai à reproduire deux
dépêches. La première, adressée au comité de Constantinople par
un de ceux qui sont à la tête du mouvement, M. BEYHOUM, est
conçue en ces termes : « Nous vous remercions du zèle que vous
déployez pour faciliter notre tâche, et si nos demandes portent
ombrage à certains de la presse de Constantinople, faites-leur comprendre que *nous sommes résolus malgré tout à les maintenir.* »

La seconde est peut-être plus significative encore, car elle
apporte l'avis d'un fonctionnaire.

D'après le journal *El Mufid*, le vali d'Alep aurait télégraphié au
gouvernement central dans ce sens : « Toute la population est ani-
mée du désir de voir des réformes s'introduire, et toute réforme qui
ne sera pas basée sur la décentralisation rendra difficile notre
tâche d'administrer. »

Autant dire que le gouvernement de Constantinople ne peut
rien contre un pays qui ne veut plus et qui ne peut plus être régi
de loin et sans la participation de ceux qui représentent ses intérêts.
La forme actuelle de l'administration perd tous ses partisans en
Asie comme en Europe. Bien plus, les revendications, en même
temps qu'elles se précisent, s'étendent aussi.

Les réformes demandées, du jour au lendemain, paraissent
moins modestes, et les exigences deviennent plus grandes. Je peux
citer à cet égard un manifeste très curieux et récemment publié.
Ses auteurs, après avoir rappelé la méconnaissance des droits des
Arabes quant à leur représentation dans le Sénat, les ministères,
l'administration, demandent pour leur pays une large décentralisation, qui somme toute ressemble sur beaucoup de points au régime
actuellement en vigueur en Autriche-Hongrie, avec cette différence
qu'au lieu d'un dualisme, l'empire ottoman, selon ce projet de

nouvelle Constitution, serait un trialisme. Il se diviserait en trois zones : arabe, arménienne et turque ; chacune aurait son ministère et sa Chambre législative qui s'occuperaient de ses affaires purement intérieures. Et le manifeste se termine par ces considérations, sur lesquelles nous appelons l'attention :

« Les Arabes, qui ont toujours été l'assise de l'empire, aspirent à cette vie nouvelle pour sauvegarder leur existence, et une pareille décentralisation sauvera non seulement leurs intérêts, mais en même temps aussi ceux des Arméniens et des Turcs. »

On pourrait dire que la question d'Asie-Mineure existe d'ores et déjà : elle est posée non pas par l'Europe, mais par les populations elles-mêmes. — X...

On voit que le Sultan et son ministère ne sont pas au bout des difficultés. Déjà, des esprits avertis aperçoivent que le Turc sera ramené par la force des événements dans son pays d'origine, l'Anatolie, tandis que des Protectorats européens lutteront d'émulation pour rendre à l'Asie mineure sa splendeur passée, dans les cadres de la vie moderne. Ecoutons M. LAURANCE MORTON, correspondant de guerre anglais, écrivant dans l'*Indépendant* de Salonique :

Mais le transfert de la puissance ottomane en Asie indique une phase nouvelle de la question d'Orient. Même si pour des raisons d'ordre politique la capitale ottomane était maintenue sur la Corne-d'Or, le vrai pôle magnétique national se placera toujours vers l'Anatolie ; et à mesure que le Turc va se retrouver dans son foyer anatolien, des problèmes nouveaux le confronteront, non moins compliqués que ceux qui ont déjà troublé le Levant. La péninsule asiatique contient en effet au moins autant de races et de religions que les Balkans : mêmes côtes méridionales peuplées de Grecs et de Levantins, commerçants pour la plupart ; région au delà du mont Taurus, habitée des Syriens et des Libanais ; et l'Arménie, l'Arabie indépendante, autant de sphères d'intérêts extérieurs où déjà l'on constate les symptômes d'un mouvement centrifuge. En compensation de la conquête territoriale bulgaro-serbe, il est logique que la Grèce développe son œuvre économique dans l'Ionie et la Caramanie. De même la pénétration pacifique russe en Perse septentrionale exige qu'elle englobe l'Arménie dans son rayon de tutelle politique d'outre-Caucase.

Enfin, la Grande-Bretagne, aux fins de consolider sa position stratégique dans la Méditerranée, se verra dans la nécessité d'annexer l'Egypte, ou du moins de raffermir ses liens politiques avec les émirats arabes, en même temps que la France, protectrice des catholiques, entreprendra une action directe et énergique que

comportent ces intérêts traditionnels en Syrie. Quant aux Turcs eux-
mêmes, s'il ne leur reste que l'Anatolie proprement dite, il n'y a
pas de raison que sous le contrôle des puissances économiques, ce
pays d'une remarquable fécondité naturelle ne soit pas susceptible
d'une exploitation avantageuse, surtout dans les plaines de la Mésopotamie ressuscitée par des travaux d'irrigation suivant le modèle
égyptien.

Donc, en Asie, je conçois une Turquie agricole et minière, sous
l'égide de l'industrie et du commerce internationaux, détrônée, il est
vrai, de sa place de grande puissance, mais néanmoins plus heureuse, plus prospère que dans le pénible passé.

Il n'est pas jusqu'à des hommes d'origine turque qui n'envi-
sagent avec une résignation fataliste ce retour des Turcs en
Anatolie, comme répondant à leur intérêt le plus évident. Mon
confrère Erio citait récemment une opinion de cette sorte particulièrement émouvante. Et nous savons, aussi, que tel homme
politique turc, appartenant au parti au pouvoir, reconnaît que
l'erreur du Turc, après son installation en Europe, fut de ne pas
devenir européen et de continuer à penser et agir en asiatique.
Ainsi se font et se défont les Empires.

29 janvier 1913.

P.-S. — La guerre recommence. Les vrais amis de la Turquie
souhaitaient le contraire, car elle en peut mourir. Dans quelle
mesure le gouvernement des Jeunes-Turcs pourra-t-il remonter
le cours des événements ? Les faits nous le diront. Mais, comme
élément d'appréciation, il faut lire ici une lettre de CLAUDE
FARRÈRE à M. JUDET, directeur de l'*Eclair*, lettre qui a son poids
après ce que son auteur a écrit en faveur de la Turquie. Et il faut
lire aussi une dépêche nous faisant connaître une manifestation
d'étudiants musulmans.

Monsieur,

Dans votre article du 25 janvier, vous avez bien voulu citer quel-
ques lignes de moi, et rappeler une affirmation que j'ai portée,
l'avant-dernière semaine ; j'avais dit, et vous avez répété après moi :
« Si les hostilités recommencent en Thrace, les Bulgares seront
écrasés, comme ils l'ont été déjà à Tchataldja, à la veille de
l'armistice. »

Monsieur, je tiens à revenir aujourd'hui là-dessus, l'opinion de
vos lecteurs m'important fort.

Ce que j'ai dit, je l'ai dit du temps que le ministère KIAMIL
vivait encore.

En ce temps-là, il y avait à Tchataldja 190.000 hommes de bonnes troupes, résolues à vaincre ou à mourir. Et, quoi que vous en pensiez, ces troupes auraient fort bien pu mettre à mal l'armée bulgare ailleurs que devant les retranchements mêmes de la capitale. Ces troupes, je vous l'affirme, pouvaient fort bien débloquer Andrinople — que les Bulgares mettront encore plus longtemps à enlever que les Japonais ne mirent à prendre Port-Arthur. Je vais plus loin : l'armée de NAZIM PACHA pouvait fort bien reconquérir le terrain perdu, tout entier.

Mais cela, c'était hier.

Depuis qu'une bande de misérables, exploitant la juste fureur de cet illuminé, de ce héros demi-dément qu'est ENVER BEY, ont renversé un gouvernement sage, lequel n'avait eu qu'un tort, celui de marquer trop de déférence à l'imbécile et abjecte diplomatie européenne (1) — depuis que les Jeunes-Turcs, enfin, ont repris le pouvoir, pour achever d'assassiner leur pays, tout est changé là-bas.

L'armée de Tchataldja, privée de quelques-uns de ses chefs qu'elle estimait, persuadée que la trahison l'assiège, et ressaisie avec une indescriptible violence par cette peste dissolvante de toutes les armées : la passion politique, les haines intestines — l'armée de Tchataldja n'est plus bonne aujourd'hui que pour la défaite. Et, malgré l'extrême faiblesse des effectifs bulgares décimés, je suis aujourd'hui convaincu que même ces effectifs-là achèveront leur victoire.

Je m'adresse à votre courtoisie, Monsieur, pour en obtenir la publication de ces quelques mots dans votre feuille — tenant beaucoup à ne pas maintenir dans l'erreur ceux de vos lecteurs qui auraient eu connaissance de mes précédentes affirmations, et qui ne sauraient pas encore comment et pourquoi j'ai, maintenant, changé d'avis du tout au tout.

Et je vous prie d'accepter mes salutations très distinguées.

CLAUDE **FARRERE.**

––––––––––

(1) *Cette diplomatie semble en vérité s'efforcer uniquement de ruiner dans tout l'Orient tout ce qui nous y restait de prestige et d'influence ; et pour atteindre ce but extravagant, elle n'hésite pas à risquer un conflit général où toutes les chances seraient contre nous, pour nos adversaires éventuels. Cela, ma foi, ne s'était pas vu depuis LOUIS XV.*

Et voici la dépêche :

Budapest, 1er février.

Les étudiants musulmans à l'université d'Agram publient une résolution déclarant que la défaite turque ne marque pas seulement la ruine de l'empire ottoman, mais qu'elle est en même temps un avertissement énergique à tous musulmans d'adapter à l'esprit moderne leur vie sociale, politique et intellectuelle, et de débar-

*rasser leur religion de tous les préjugés incompatibles avec la civi-
lisation.*

L'intérêt de cette dépêche réside en ceci que l'opinion turque étant elle-même profondément divisée et l'armée s'étant battue à Tchataldja *non pas contre l'ennemi*, les Croyants turcs venus de la masse ne savent plus reconnaître où est l'intérêt de la Turquie. A mes yeux, il est exprimé avec force et exactitude dans les termes de cette dépêche. Mais peut-être que le parti au pouvoir sera le dernier à le reconnaître, et lui faudra-t-il avoir à supporter la responsabilité d'une catastrophe pour en venir à l'avouer.

3 février.   P. B.

La Paix Turco-Balkanique

La paix sera-t-elle bientôt signée entre la Turquie et les alliés balkaniques ? On peut l'espérer. En effet, d'un côté, les hostilités sont suspendues à Tchataldja, en vertu d'un armistice turco-bulgare, et d'un autre côté, les alliés ont fait aux ouver-tures des Puissances la réponse suivante qui pose les bases de négociations dont la conduite revient principalement à l'Europe :

Les alliés se font un devoir d'adresser aux grandes puissances leurs vifs remerciements pour la communication qu'elles leur ont faite et d'après laquelle :

1° La ligne Enos-Midia sera prise comme base de négociations et non comme ligne définitive ;

2° La cession des îles de la mer Egée par la Turquie est admise sous réserve des décisions à prendre au sujet de certaines d'entre elles ;

3° Les grandes puissances sont prêtes à faire connaître dès à présent la délimitation projetée du nord et du nord-est de l'Albanie, elles feront connaître celles du sud-est dès qu'elles auront été établies ;

4° La solution de toutes les questions financières ayant été réservée à une commission technique qui se réunira à Paris et à laquelle prendront part les délégués des belligérants, les puissances estiment qu'il n'y a pas lieu de s'expliquer quant à présent sur le principe d'une indemnité.

D'où l'on peut conclure tout de suite que l'Europe se prépare à signer un nouveau traité de Berlin (ou d'ailleurs) dont il faut espérer qu'il sera mieux respecté que l'autre. Car le monde a besoin de paix, et plus le ciel est chargé de nuages, plus on aspire au rayon de soleil.

Plus que tous autres, la Turquie a besoin de se reprendre, de panser ses blessures et de se préparer à une véritable renaissance par une organisation méthodique de toutes ses ressources et un judicieux emploi de ses moyens. Si, dans cette revue, nous nous honorons d'être demeurés fidèles à la politique traditionnelle de la France, si nos meilleures sympathies sont allées à la Turquie malheureuse, il n'en est pas moins que force nous est d'attribuer à qui elles reviennent les responsabilités encourues. J'ai dit précédemment ce que nous pensions de la révolution purement politique suscitée dans un moment critique par ENVER bey et son parti. Le renversement, devant l'ennemi, du cabinet KIAMIL, à l'heure précise où il entamait les négociations de paix, ne pouvait avoir de vertu efficace que si la Turquie se sentait capable, par un sursaut désespéré et irrésistible, de renverser toutes les données du problème en enchaînant la victoire à son tour. Il ne paraissait guère qu'il en pût être ainsi, et la chute successive d'Andrinople, de Janina et de Scutari, pour si honorable qu'ait été leur défense, n'en consacre pas moins la défaite de la Turquie, réduite désormais, sur le continent européen, à un lambeau de territoire, et exposée à des conditions de paix plus dures.

Et c'est une Europe nouvelle qui va sortir de cette guerre sanglante où, comme dans les guerres antiques, les combattants n'ont pas négligé de s'invectiver, en même temps qu'ils se battaient, employant à la fois les engins modernes et les manières d'autrefois. L'alliance balkanique résistera-t-elle longtemps aux causes de désaccord, sinon même de conflits, que contient la répartition nouvelle des anciennes provinces turques ?

Si la Bulgarie et la Roumanie, qui en étaient venues à se menacer réciproquement, ont pu conclure accord, il n'est pas sûr que, d'un côté, la Bulgarie et la Grèce et, d'un autre côté, la Grèce et la Serbie soient près de trouver, la paix une fois faite avec la Turquie, le point d'équilibre de leurs ambitions déchaînées ou l'oubli de leurs déceptions.

On peut être assuré que l'Autriche entretiendra avec le plus grand soin les ressentiments des uns envers les autres, tandis que la Serbie et le Monténégro recevront ses atteintes directes.

Car la nation qui paraît vaincue, sans avoir eu à combattre, nonobstant le désir qu'elle en a marqué par une mobilisation qui dure encore, c'est l'Autriche. Elle perd, en effet, l'accès à la mer Égée qu'elle s'était flattée de gagner un jour ou l'autre, et elle est loin d'être assurée de pouvoir jamais réaliser ses rêves albanais sur l'Adriatique. Ici, elle est à jeu non seulement avec l'Italie, mais aussi avec la Serbie et la Grèce, que leurs gains actuels ne satisfont pas entièrement. Et ce n'est pas la pression excessive et peu glorieuse qu'elle tente d'exercer sur le petit état de Monténégro qui remédiera aux inéluctables conséquences de l'évolution balkanique, à savoir : que le slavisme, désormais, la barre au sud et l'inquiète dans son propre royaume.

C'est là un point de vue que j'ai précédemment indiqué, et qui trouve sa justification dans une intervention qui s'est produite au Reichstag, à propos d'une argumentation de M. DE BETHMANN-HOLWEG, faite pour précipiter le vote de la loi militaire :

Je ne comprends pas, disait M. SCHEIDEMANN, que le chancelier ait parlé d'un conflit possible entre Germains et Slaves. A Vienne, on a dû s'arracher les cheveux en lisant ce passage de son discours. *L'Autriche-Hongrie est pour un quart allemande et pour une bonne moitié slave.* Toute sa politique tend à une réconciliation de ces deux éléments. Or, le chancelier nous représente la monarchie dualiste comme notre champion dans cette lutte entre les Germains et les Slaves. On aurait pu difficilement trouver une formule plus malheureuse, plus désagréable pour le gouvernement autrichien. *Tout le monde sait en effet qu'un conflit entre des Germains et des Slaves serait la fin de la monarchie des Habsbourg.....*

Et, comme j'ai cru pouvoir l'indiquer, c'est sans doute au prix de la dislocation complète du vieil Empire que la paix se ferait dans ce cas.

On peut dire, par contre, que la Russie a sauvé Constantinople. Il va sans dire que ce n'est pas par amitié pour les Turcs, mais simplement pour empêcher qu'elle fût prise par les Bulgares qui, désormais, vont la gêner elle-même dans sa recherche puissante et tenace de l'accès à la Méditerranée... à moins que Roumanie, Bulgarie et Serbie, obéissant à la loi de concentration qui paraît devoir être un jour prochain la condition d'existence des petites nationalités, n'acceptent pleinement, vis-à-vis de la Russie, une vassalité qui se pourrait concevoir comme celle des Etats allemands, vis-à-vis de la Prusse ! C'est encore contre quoi l'Autriche luttera de toute son activité !

Je n'ai pas à m'attarder ici à l'étude de détail de la formation politique nouvelle dans les Balkans, autrement que sur la question de l'Albanie. Que l'on en impose, par une démonstration navale dont on a pu dire qu'elle serait *odieuse* ou *ridicule*, au Monténégro qui, lui-même, ne serait pas éloigné de consentir à disparaître dans une Serbie agrandie ; que Bulgares et Roumains, qui semblaient vouloir s'entre-dévorer, s'accordent sur Silistrie et la Dobroudja ; que les Grecs occupent Salonique à la place des Bulgares ; que des princes d'origine diverse ambitionnent de régner sur une Albanie devenue autonome, mais demeurée essentiellement anarchique... ceci m'entraînerait bien au delà du cadre de ces études.

Ce qui nous intéresse, c'est de savoir quelles conditions de prix seront finalement imposées à la Turquie et quelles conséquences en découleront pour la suite de son histoire ; et donc :

Quel pourra bien être le statut politique de l'Albanie ?

Quel sera le sort des îles ?

Et si la Turquie, perdant déjà tant de territoire, devra encore payer une indemnité ?

Après quoi, l'on pourra chercher de nouveaux éléments d'appréciation sur l'avenir de la Turquie d'Asie.

Mais l'examen, même sommaire, de ces divers problèmes s'éclairera singulièrement si l'on essaie de mettre toujours plus en lumière les mobiles réels de la politique internationale actuelle de l'Allemagne et ses aptitudes au gouvernement des peuples non issus de la souche germanique. Cette politique qui vise à impressionner l'adversaire possible au point de l'immobiliser n'a pas, du reste, tout le succès espéré, et nous la verrons, sans doute, déplacer un jour prochain son objectif, actuellement tourné sur Paris après avoir visé Londres.

L'Albanie autonome

Préfaçant l'ouvrage éminemment actuel de M. G.-Louis JARAY : *L'Albanie inconnue* (1), dont la lecture offre un intérêt passionnant, M. HANOTAUX pose ainsi ce problème :

Que sera l'Albanie ? Quelles seront ses limites ? Comment se rattachera-t-elle au reste du monde ? Quel est son avenir politique,

---

(1) *L'Albanie inconnue*, par G.-Louis JARAY, 1 vol. avec carte et grav., 4 fr., chez HACHETTE et Cⁱᵉ, 79, boulv. St-Germain.

économique, international ? Quelles seront les influences qui s'exer-
ceront sur elle ? Quel sera son futur gouvernement ?

Du point de vue albanais, on voit bien qu'il n'y a d'autre
solution que dans une large autonomie, mais une autonomie à la
fois pleinement indépendante et nettement circonscrite. Il faudrait
que l'Albanie fût libre, et on se demande si elle peut l'être : sa
situation géographique au triple front, sa situation religieuse à la
triple croyance, ses voisinages à la triple influence, son histoire
elle-même à la triple origine, la subordonnent toujours en la pro-
voquant sans cesse, et c'est pourquoi ce malheureux et beau pays
s'est attardé dans la stagnation et l'anarchie.

L'Albanie n'est pas, tant s'en faut, un pays mort : il est en
pleine vie, et, si j'ose le dire, en pleine offensive contre les pays
voisins. L'Albanais lutte contre le Monténégrin, refoule le Serbe,
balance le Grec, joue habilement des ambitions rivales de l'Autrichien
et de l'Italien Il fait tête partout et ne réclame très énergiquement
qu'une chose : la liberté et « son fusil sur la montagne ». Nul ne l'a
dompté et nul ne le domptera qu'au prix de sacrifices inouïs et qui,
sans doute, ne seraient pas récompensés. Un millier de mannlichers
aux mains de ces grimpeurs tiendraient en échec, aux passages des
montagnes inaccessibles, des régiments et des corps d'armée. Pour
être maître de l'Albanie, il faudrait dénicher ses habitants jusque
dans leurs nids d'aigle et peut-être les détruire jusqu'au dernier.
Le beau travail !.....

Ces quelques lignes en disent assez pour qu'on puisse comprendre que le travail de délimitation auquel se livre actuellement la Conférence des Ambassadeurs, bien que présentant des
difficultés dont la question de Scutari est la plus épineuse, n'est
rien à côté de celles que suscitera la mise en application du
régime politique qui sera finalement adopté.

Et quel serait ce régime ? Une personnalité russe a fourni
les données suivantes :

.....Le régime définitif de l'Albanie, pour jouir d'une autorité
suffisante, doit avoir un lien avec le passé ; il doit être une évolution
du régime turc, évolution en ce sens que des garanties doivent
être données à l'élément indigène sous la forme d'un contrôle des
puissances.

Nous nous déclarons donc pour une Albanie province autonome
de la Turquie, où le régime turc se greffera sur le régime
autochtone.

Un vali turc, nommé par le sultan, est le seul chef que l'on puisse
raisonnablement donner à cette province, un vali assisté par une
commission financière européenne. Pour cette dernière, nous avons

le précédent des réformes en Macédoine. Ce qui fut réellement appréciable dans ces réformes, ce fut justement la commission financière. On pourra appliquer le même système à l'Albanie en octroyant plus de pouvoir à cette commission. En Macédoine, elle fut gênée dans son action par la pression du pouvoir central. La Macédoine était trop intimement liée à la Porte, trop rapprochée d'elle pour que la commission y pût travailler sérieusement. En Albanie, au contraire, le lien sera, de fait, purement nominal ; en réalité, ce sera le contrôle européen qui pourra prendre tout le pouvoir.

Quand cette commission sera constituée, il lui appartiendra d'élaborer le régime en détail.

Il semble que le statut albanais le plus simple, le plus rationnel, de même que celui sauvegardant le prestige turc en même temps que les intérêts de toutes les puissances, doit être le suivant :

a) Province turque sous la suzeraineté du sultan, qui sera représenté sur place par un vali nommé par lui ;

b) Solidarité de toutes les puissances pour les garantir contre l'ingérence isolée de l'une d'elles ;

c) Garanties pour les confessions des minorités.

Outre ces intérêts nettement albanais, il y a à sauvegarder les intérêts serbes en Albanie et des garanties d'ordre international à établir dans ce domaine pour le port neutralisé qui sera affecté à la Serbie et pour la construction et l'exploitation du chemin de fer par lequel elle y accédera.

Voilà les très grandes lignes du statut tel que la Russie l'envisage. C'est de ces traits généraux que la conférence de Londres aura à s'occuper. Les détails, de l'avis de Pétersbourg, doivent être réglés par la commission internationale, qui aura pour mission d'assister le représentant de la Porte. La thèse russe écarte donc les prétendants au trône d'Albanie.

Bien. Mais si les puissances se trouvent en présence d'une candidature qui aurait le caractère *national* et qui s'appuierait sur une force déjà organisée d'environ 20.000 combattants, que pourront-elles faire, sinon l'accueillir et la consacrer ? Il s'agit, en l'espèce, d'Essad Pacha, signataire de la capitulation de Scutari, et qui a été autorisé à se retirer avec ses troupes au centre même de l'Albanie. Essad Pacha appartient à la famille puissante des Toptan. Il a été successivement : aide de camp du Sultan, général commandant la gendarmerie à Janina, député de Durazzo après la révolution de 1908. En 1912, il travailla ouvertement contre le Comité Union et Progrès et pour les révoltés albanais. A Scutari, il combattait dans les derniers temps sous le drapeau albanais. Et il semble bien que sa capitulation ait été la conséquence d'une négociation directe avec Nicolas du Monténégro (1).

D'où l'on peut conclure que les puissances vont avoir à tenir compte d'un élément qui paraissait jusqu'ici à peu près absent ; l'élément albanais lui-même, qui préférera sans doute relever nominalement de la Turquie. Le sort de l'Albanie, quoi qu'en ait l'Autriche et quelque amère que soit sa déception, paraît devoir être surtout accepté et contresigné par l'Albanie elle-même et la délimitation de ses frontières paraît devoir être fonction d'un accord général balkanique plutôt que d'une décision des puissances, mal engagées, par la faute de l'Autriche et certaine faiblesse de la Triple Entente dans une action qui peut aussi bien aboutir à une impasse ridicule qu'à des complications dangereuses (2).

Le sort des Iles

Si l'Europe s'est réservée de prononcer là-dessus, c'est que la question prêtera à des difficultés certaines. Pour la traiter dans un esprit véritable d'équité et non seulement du point de vue actuel, mais aussi du point de vue d'avenir, il faudra que l'on se demande si l'on entend sauvegarder vraiment l'avenir de la Turquie d'Asie ou si l'on accepte que telles des puissances victorieuses prennent des hypothèques qui engagent cet avenir. Ce serait le cas d'appliquer judicieusement une formule géographique dont on a quelque peu abusé ailleurs, celle des hinterlands. La géographie distingue, d'un côté, des îles rattachées à la côte de Thrace : Thasos et Samothrace, et de l'autre, les îles qui commandent les Dardanelles : Strati, Lemnos, Imbros et Tenedos ; à l'ouest, les Sporades septentrionales, les Cyclades et la Crète, dépendance naturelle des côtes grecques ; et à l'est, les îles de Mytilène, Chio, Samos et les Sporades méridionales qui commandent de près aux Côtes de l'Asie Mineure. Et la géographie ne demande qu'à venir au secours de la politique, en suggérant qu'il est dangereux de faire des îles asiatiques autant de foyers d'agitation et de contrebande qui pourraient mettre la

---

(1) C'est devenu de l'histoire. ESSAD PACHA a combiné avec le roi NICOLAS le scénario qui lui a permis de se retirer avec 20.000 hommes, lesquels joints aux 10.000 de DJAVID pacha lui ont donné une armée de 42.000 hommes — avec quoi il prétend tenir et gouverner l'Albanie. (N. de l'A.)

(2) Au moment où nous mettons sous presse, on annonce un accord de l'Autriche et de l'Italie visant le partage de l'Albanie ?

paix de nouveau en danger à brève échéance dans cette partie du monde, mais avec cette aggravation, que, ce jour-là, c'est l'Europe qui serait acculée à une intervention armée mettant en mouvement violent les ambitions concurrentes.

Mais nous savons que les diplomates connaissent relativement peu la géographie. Ils sont déjà touchés par les bruyantes manifestations lancées par un hellénisme renaissant et pris de fringale ; et, de ce que les Grecs installés çà et là font beaucoup de bruit, ils concluront peut-être qu'il faut leur abandonner les archipels.

Cela s'appelle : préparer des difficultés nouvelles au fur et à mesure qu'on en écarte d'autres. La diplomatie est spécialement entraînée au *travail de Pénélope*. Cette remarque est tout à fait en situation.

L'Indemnité de Guerre

En acceptant la médiation de l'Europe, les puissances balkaniques victorieuses ont nettement spécifié qu'elles escomptaient le principe d'une indemnité de guerre payable par la Turquie.

Il serait trop long de citer ici les arguments des représentants de la Bulgarie, de la Serbie et de la Grèce. On conçoit parfaitement le désir de ces puissances, qui est, grâce à cet appoint, de refaire leurs finances épuisées. D'autant que cette préoccupation déjà très forte quand il ne s'agit que des territoires qu'elles détenaient avant la guerre, s'augmente du souci d'avoir à faire face à la réorganisation des territoires dont chacune d'elles s'augmente et aux charges financières précédemment contractées par la Turquie et dont elles héritent en même temps que des terres conquises.

Mais ce n'est pas assez pour elles de dire que, si la Turquie avait réalisé les réformes promises en 1880, elles ne se fussent pas résolues à la guerre, et donc, que la première responsabilité incombant à la Turquie, celle-ci doit payer. La Turquie serait en droit de répondre victorieusement que l'Europe était elle-même garante, et que certaines puissances, tant parmi les grandes que parmi les petites, loin d'encourager ces réformes, ont travaillé à les empêcher.

Ce n'est pas assez, non plus, d'invoquer des précédents lointains dont l'étude critique n'est pas sans prêter à des conclusions divergentes. En fait de précédents, il en est un dont la vertu démonstrative n'est pas niable : c'est le précédent italo-turc. On le connaît. L'Italie attaque la Turquie sur les côtes de Tripolitaine, dont elle s'empare sans que la Turquie puisse intervenir à proprement parler. La paix est mise en discussion dans des circonstances de tous points semblables à celles qui se déroulent aujourd'hui dans les Balkans. La paix est signée, et l'Italie garde sa principale conquête, mais elle rend les îles qu'elle occupait et c'est elle qui paie une indemnité de 50 millions, qui ont été récemment versés : 20 millions à Paris, 30 millions à Londres.

Si donc, l'on veut invoquer l'histoire, pas besoin de remonter à trente ou cinquante années en arrière et d'aller la chercher dans les pays les plus divers. Il devra suffire de prendre l'événement historique le plus proche et précisément celui qui, par la nature des éléments qui le composent, ressemble le plus aux événements dont la conclusion s'inscrit principalement sur les lignes de Tchataldja.

Hélas ! pour la Turquie, le problème est moins simple, et interviennent ici les questions de haute finance internationale connus sous les titres suivants : dette ottomane, dette des États balkaniques.

Il se trouve que, les questions financières étant réservées à l'examen d'une Commission internationale qui siégera à Paris, c'est la France qui aura à prononcer les paroles essentielles ; car c'est elle qui détient la majeure partie de la dette ottomane, et c'est chez elle que seront vraisemblablement contractés les prochains emprunts. Or, elle est en même temps créancière des États balkaniques. Comment et sur quelle base sera établie une telle balance ?

Il est fort à craindre que, la voix des banquiers étant forte et puissante, la balance soit finalement établie au détriment des vaincus — application moderne du *Væ victis* — et que ceux-ci sentent peser sur leurs épaules, pendant de longues années, le poids très lourd d'une indemnité de guerre qu'en toute justice ils ne devraient pas payer.

Et pourquoi donc les porteurs de titres ne subiraient-ils pas le risque qu'ils ont consenti à courir le jour où ils ont prêté de l'argent à des puissances dont le crédit était exposé à tous les aléas nés de leur organisation propre ou de l'état incessant de lutte dans lequel elles vivaient ? C'est ce que voudrait, semble-t-il, la morale politique et financière, si politique et finance avaient une morale autre que l'égoïsme le plus absolu et le plus féroce.

Déjà on annonce que l'indemnité sera discutée, et donc que le principe en est virtuellement admis. On dit même que les alliés ont des raisons de penser que la discussion se terminera à l'avantage de leur thèse. Et si l'on remonte au précédent gréco-turc — les puissances ayant déclaré en 1897 que sur les dix millions de livres turques réclamées par la Turquie à la Grèce, celle-ci en pouvait payer quatre — il ne reste plus aux Etats balkaniques qu'à forcer le chiffre de leur réclamation pour obtenir en fin de compte ce dont ils ont besoin.

Mais ici, l'on voudrait que la voix des banques ne fût pas prédominante. Il y a autre chose dans l'histoire qui se fait tous les jours que des intérêts purement financiers ; il y a des questions d'équilibre international, et il serait difficile de soutenir que l'existence d'une Turquie d'Asie régénérée n'est pas indispensable à l'équilibre des puissances sur l'Orient méditerranéen.

Que pèsera ce point de vue dans les délibérations de la Commission internationale ? Il est difficile de le préjuger. Mais des voix autorisées se font entendre pour le soutenir publiquement.

C'est, par exemple, M. GEORGES BLONDEL, professeur à l'école des Sciences politiques, dont les opinions philosophiques sont connues pour n'être pas favorables en principe à l'Islam, qui, traitant devant la Fédération des industriels et des commerçants français, présidée par M. A. LEBON, ancien ministre du Commerce et des Colonies, des conséquences économiques et financières de la guerre des Balkans, a insisté tout d'abord sur *l'intérêt que nous avons à voir s'améliorer la situation financière de la Turquie.* Celle-ci, disait M. BLONDEL, a depuis quelques années contracté un grand nombre d'emprunts et les Français sont ses principaux créanciers. Les intérêts français concordent à cet égard avec les intérêts allemands ; on peut donc penser qu'on se mettra assez facilement d'accord au sein de la commission internationale, et qui aura surtout à déterminer *dans quelle mesure les charges de la Dette ottomane doivent équitablement être assumées par les alliés.*

De quoi il semble bien ressortir que, la Turquie ayant, elle aussi, comme les Etats balkaniques, à réparer les ruines d'une guerre malheureuse, ses finances risqueraient de rester longtemps sans pouvoir s'améliorer si on lui infligeait, outre la perte de ses provinces, la lourde charge d'une indemnité de guerre.

Ici, nous souhaitons que ce surcroît d'infortune lui soit épargné.

En Turquie d'Asie

Admettons que la paix soit signée demain. Quelle est la situation politique de la Turquie ? Il n'y aura pas que des problèmes financiers à résoudre. L'Arménie est inquiète à la pensée que d'innombrables rédifs vont quasiment l'envahir et elle redoute de nouveaux massacres. La Syrie s'agite, ayant soif de réformes. Qu'adviendra-t-il du problème administratif et des satisfactions à donner à des aspirations qui unissent dans un même mouvement les Syriens de religions opposées ? Comment mettre rapidement de l'ordre dans un état séculairement anarchique ? Et où trouver le personnel gouvernemental et administratif qui consentira à sacrifier la méthode du baktchich à la poursuite d'une mission supérieure ?

Nos lecteurs connaissent déjà l'existence en Syrie de Comités de réformes qui avaient la bienveillance de Kiamil Pacha. Le gouvernement révolutionnaire de Mamoud Chevket Pacha ne les pouvait supporter ; il les a fait violemment dissoudre.

Cet acte de force appelait aussitôt la vive protestation du *Comité arabo-syrien* de Paris, adressée au Gouvernement ottoman :

Ministère de l'Intérieur, Constantinople,

La dissolution du comité des réformes de Beyrouth confirme nos appréhensions du refus du gouvernement d'accorder des réformes aux Arabes. L'histoire de Turquie, depuis cinquante ans, apprend que le gouvernement, pour conserver les avantages à la nation conquérante, a toujours étouffé par la force toutes les aspirations capables de relever l'empire, politique qui porta soit au khalifat, soit à l'empire les atteintes les plus graves. Nous formulons nos protestations les plus énergiques, conscients que nul obstacle ne peut arrêter ni progrès ni droits des peuples. Nous vous supplions encore d'épargner au pays des convulsions graves en accordant aux Arabes les réformes indispensables à leur existence.

Comité du congrès arabe de Paris.

Et cette protestation était aussitôt suivie d'un réquisitoire adressé au *Temps* et signé d'une personnalité turque, visant la même politique. Voici ce document :

Monsieur le Rédacteur en chef,

J'ai lu avec beaucoup d'intérêt, dans le *Temps* d'avant-hier, la lettre écrite par un publiciste syrien concernant le comité des réformes de Beyrouth, dont votre correspondant télégraphiait la fermeture ou la dissolution. Je m'empresse de déclarer que je partage entièrement la manière de voir de mon compatriote syrien à propos des réformes à introduire en Syrie, où, il y a une vingtaine d'années, je remplissais les fonctions d'inspecteur général d'agriculture. Le gouvernement de KIAMIL pacha envisageait ce mouvement de réformes avec plaisir, car l'intention sincère du gouvernement était d'écouter paternellement toutes les voix s'élevant en faveur des réformes. Mon ami EDHEM bey, gouverneur général de Beyrouth, s'en faisait le champion et collaborait personnellement de son mieux avec le comité des réformes pour le salut de la patrie ottomane. Mais alors il y avait en Turquie un gouvernement. Maintenant, il y a un comité.....

J'ai dit souvent, et je le répète encore : Nous avons perdu nos possessions en Afrique et en Europe par la seule faute du Comité ou des Jeunes-Turcs. Ils sont revenus au pouvoir le 23 janvier dernier. Depuis ce temps, il en coûte au pays, sans compter la perte territoriale de plusieurs milliers de kilomètres, une dépense de 100 millions et de 40.000 à 50.000 âmes, sacrifices inouïs qu'a entraînés leur retour au pouvoir.

D'ailleurs, tant que ce Comité se maintiendra au pouvoir, il n'y aura pas de salut pour le reste de mon pays. Les expériences cruelles et tragiques n'ont servi à rien pour changer leur système de gouverner, système qui consiste pour eux à mécontenter tout le monde et à tout briser. Cependant, je leur prédis qu'ils payeront cher tous ces crimes. Mais en attendant, c'est le pays, hélas ! qui s'épuise et s'écroule.

Veuillez agréer, etc.

A. RECHID,
ex-second chambellan de S. M. le sultan.

On croit apercevoir les symptômes de décomposition politique traçant leur voie vers ce qui reste d'un empire qui fut grand. Où sont, en Turquie, les intelligences supérieures qui soient capables de s'assigner un idéal vraiment national et de le faire triompher ? La fusion des éléments ethniques qui composent l'empire est-elle donc rendue impossible par des forces invincibles sorties des profondeurs de la race ? Ces régions qui furent toujours un carrefour de peuples, ne sauraient-elles devenir un creuset ? Cependant, l'idée ottomaniste n'est pas indifférente à ceux-là même qui réclament les réformes. Et, — leçon que j'estime, quant à moi, surabondamment démonstrative, appliquée à notre Afrique du Nord — je l'ai entendu formuler par les catholiques syriens, qui n'en adoptent une autre que faute de celle-là, et on la trouvera dans les lignes suivantes, écrites par un publiciste arabe syrien :

Les Arabes, sentant que des réformes sont indispensables pour développer leur vie nationale, estiment qu'il est de leur devoir le plus absolu d'amener le gouvernement à les accomplir promptement et effectivement. Un comité élu par tous les habitants a été créé à Beyrouth pour l'élaboration d'un projet de réformes répondant aux vœux du pays et à ses intérêts. Une délégation, comme on le sait, doit, après la cessation des hostilités, présenter ce projet à Constantinople pour le faire accepter. Tant que le cabinet du sage KIAMIL durait, le gouvernement et le pays marchaient de concert dans cette voie ; et l'ex-vali EDHEM bey lui-même collaborait avec le comité des réformes. Un projet fut élaboré, dont j'ai eu l'occasion de vous communiquer un résumé. Mais les unionistes de Constantinople ayant fait leur coup d'État, selon l'usage, le vali fut remplacé par un membre de leur parti. Alors l'antagonisme commença à poindre. Devant un gouvernement qui cherchait à contrecarrer ses projets, le comité de réformes, conscient de ses devoirs envers le pays et appuyé par les forces les plus vives de ses habitants, redoubla d'activité pour accomplir dignement son mandat. D'après mes renseignements personnels, l'autorité administrative usa largement de la vieille politique traditionnelle — diviser pour régner, — mais elle n'y réussit pas. Il se décida finalement à d'autres mesures. Mais la dissolution du Comité, qu'il vient de prononcer, ne résout rien, car ce Comité est l'âme du pays ; ses membres forment une élite intellectuelle ; ce sont aussi des notables estimés, et de plus un mandat solennel leur a été conféré par l'universalité des habitants. A la mesure qui le frappe, on peut opposer que c'est un Comité de réformes, non un instrument de sédition. Il n'est pas antiturc. Au contraire, les personnalités qui le composent se sont toujours montrées attachées à l'empire et dévouées à la patrie. Cela ressort très bien de la conduite irréprochable de ce Comité et des déclarations faites par ses membres au vali actuel, lors de son arrivée à Beyrouth. M⁰ PIERRE TRADE, l'éminent avocat, après avoir démontré l'état d'infériorité dans lequel se trouve figée l'administration du pays, déclare : « Les Arabes s'estiment indépendants au sein de l'ottomanisme. Tous, musulmans, chrétiens et juifs, demandent des réformes pour conserver cette indépendance : vivre et marcher des mêmes pas que les nations civilisées. » De même, M. BEYHUM, autre réformiste syrien de marque. Après avoir parlé des misères dont souffre le pays depuis cinq siècles, il dit : Toutes les difficultés qui pourraient surgir entre les Arabes et leur gouvernement ne les empêchent pas de regarder les Turcs comme leurs propres frères ;

mais cela n'est pas une raison pour continuer à nous taire, dans l'état où nous sommes. De même, en revendiquant des droits qui nous sont déniés, cette revendication légitime ne nous empêcherait pas de vivre avec eux à jamais Ottomans. »

C'est le sentiment de la Syrie qu'ont traduit ces deux notables porte-parole. La fâcheuse mesure de dissolution prise par le gouvernement ne fera que resserrer davantage l'union des réformistes.

S'étonnera-t-on que la dissolution des Comités n'ait pas mis fin à l'agitation ? Le contraire eût été surprenant car c'est précisément du côté des réformistes que se rencontre l'expression absolument nette d'un idéal national Ottoman. Car, et il faut le répéter, la caractéristique de ce mouvement est que l'union la plus parfaite anime tous les Syriens à quelque confession qu'ils appartiennent. Cette seule constatation devrait donner à réfléchir au gouvernement ottoman ; la politique qu'il suit dans cette partie de l'Empire peut déterminer des événements graves et dangereux, capables, comme je l'ai déjà indiqué, de devenir les causes directes d'une dislocation voulue par ses propres nationaux et dont la responsabilité n'incomberait qu'à lui (1).

Il n'en est pas moins que la France, de par son passé, ses traditions et ses intérêts même, qu'elle n'a jamais servis au détriment de la Turquie, a *des devoirs en Syrie.* Pour les mieux apprécier, lisons cet article écrit pour la *Revue Parlementaire des Colonies* par « un patriote libanais » :

Le gouvernement français a pris l'énergique résolution d'envoyer une escadre dans les eaux du Levant. Nous ne pouvons qu'être heureux de cette décision qui montre que la France saura s'opposer par tous les moyens en son pouvoir aux massacres dont sont menacés les chrétiens d'Orient. Il ne s'agit pas seulement en effet de protéger les nationaux français, il s'agit surtout pour la grande et généreuse puissance d'Occident de poursuivre l'œuvre séculaire de protection qu'elle a assumée vis-à-vis de mes frères syriens.

Mais en même temps qu'au nom de l'humanité la France exercera son devoir général de protection des faibles, une autre tâche lui incombe, c'est d'affermir son autorité sur la Syrie et d'éviter ainsi que ce pays ne tombe sous la domination d'une puissance dont les manières seraient trop rudes.

On nous dira que le démembrement de l'Empire ottoman n'est

____

(1) Mahmoud Chevket vient de maintenir son interdiction draconienne en l'accompagnant de menaces d'exécutions sommaires. (N. de l'A).

pas chose faite. Nous savons aussi que la France ne voit pas sans quelque répugnance cette ruée d'appétits vers les derniers territoires d'un peuple qui fut le grand devant l'Histoire. Son intérêt présent, comme aussi ses sentiments chevaleresques, lui ordonnent de tout tenter pour empêcher le partage de la Turquie d'Europe et de la Turquie d'Asie. Mais il est des éventualités qu'il faut prévoir et si le jour de la liquidation survenait, il faudrait que la France se trouvât armée pour continuer en Syrie le grand rôle qu'elle n'a cessé d'y jou. .

Ses droits .r cette région, nul ne peut les contester. Depuis les grandes c oisades du Moyen-Age qui abaissèrent devant les chevaliers français les remparts de Jérusalem, la France a marqué là-bas l'empreinte ineffaçable de son génie. Ses soldats, ses représentants, ses missionnaires, ses professeurs, ses négociants, ont presque transformé le pays à son image. Dès le XVII° siècle, une école française était fondée. Les écoles, dirigées par des missionnaires, des professeurs de l'Alliance Française, de la Mission laïque, sont suivies par des milliers et des milliers de nos jeunes compatriotes. Son Université de Beyrouth, fondée en 1880, est comme le flambeau de la civilisation dont les clartés se répandent en Perse, en Turquie d'Europe, en Asie-Mineure, en Arabie, en Egypte. La place que la France a prise dans le cœur des Syriens ne peut maintenant lui être enlevée. Tous les Orientaux aiment la France d'instinct et de raison. N'est-ce pas l'un des nôtres, M. K.-T. KHAIBALLAH, qui demandait dernièrement que des délégations d'illustres Français vinssent parfois visiter les écoles ottomanes ? Et il ajoutait dans son langage imagé : « Il nous serait si doux d'entendre leur voix, de suivre leurs conseils, d'admirer leur génie qui est comme le rayonnnement de la pensée française. Les âmes de nos jeunes frères grandiront au contact de ces belles grandes âmes ; quelque chose d'entre elles, comme la vague senteur d'un parfum, leur restera et elles se sentiront plus près du cœur même de la France. »

Depuis un demi-siècle, Russes, Italiens, Allemands, Anglais, Américains, ont tenté de contester à la France le beau patrimoine moral qu'elle possédait en Orient. Ils ont voulu lui disputer la haute mission qu'elle avait assumée dans l'intérêt du développement matériel et intellectuel de mes compatriotes. En acceptant le protectorat des catholiques d'Orient, en s'entremettant amicalement entre le Sultan et ses sujets chrétiens, la France avait non seulement établi son hégémonie en Syrie, mais encore elle jouissait à Constantinople même d'une influence prépondérante. C'est ce que ne voulaient pas les puissances, car la France, après avoir été le chevalier de la Chrétienté contre l'infidèle, aurait pu comme jadis unir le croissant à la croix pour résister aux entreprises pangermanistes.

Tous les efforts pour déraciner l'influence séculaire de la France en Syrie sont restés inutiles. Comme stimulée par ces luttes, la langue française a même conquis tout le pays.

Il serait donc mal venu aux autres nations de protester outre mesure contre un acte du gouvernement français qui consacrerait officiellement le protectorat qu'il exerce moralement et parfois politiquement.

Les Russes, tard venus, malgré une active propagande dans les milieux orthodoxes, n'occupent guère une place importante en Syrie.

Les Américains sont installés à Beyrouth, depuis 1821. Ils ont une Faculté de médecine, un hôpital, une imprimerie, des écoles, le tout en pleine prospérité. Mais ils seront sans doute les premiers à reconnaître que les modifications territoriales qui peuvent survenir dans le bassin de la Méditerranée échappent à leur contrôle, à condition bien entendu que leur œuvre ne soit pas compromise.

Les Italiens n'auraient absolument aucune protestation à élever. Ils sont sans doute depuis longtemps dans le pays, mais malgré les efforts du ministère Crispi, ils n'ont jamais pu acquérir une grande autorité. Depuis 1900, leur langue, qui était officielle dans les Echelles du Levant, a été supplantée par la langue française. C'est en effet à cette date, lors de la Saint-Joachim, que le pape fut amené à adresser pour la première fois la parole en français aux évêques maronites. En 1904, au moment où le public français croyait encore en l'amitié italienne, le cabinet de Rome obtint à l'occasion du voyage de M. Loubet certains avantages pour les religieux italiens. Ceux-ci furent autorisés à renoncer au protectorat français, mais dès la déclaration de guerre italo-turque, ils s'empressèrent de se ranger de nouveau sous la bannière française. Faut-il ajouter que lors du bombardement du port de Beyrouth la France considéra ses droits comme lésés et envoya immédiatement sur les lieux le croiseur *Amiral-Charner*. L'Italie alors expliqua que les tirs de ses navires n'avaient pas été précis, qu'elle n'avait jamais voulu bombarder le port, qu'elle en voulait seulement aux navires turcs ancrés en rade. Elle reconnaissait ainsi implicitement le contrôle de la France dans cette région et il n'y a pas de raison, depuis qu'un vaste champ d'activité s'offre à ses ambitions en Tripolitaine, pour qu'il en soit aujourd'hui autrement.

Les Allemands, malgré le geste retentissant de Guillaume II allant visiter Jérusalem, n'ont pu encore fixer les fondements d'une œuvre pourtant appréciable. De leurs institutions, seul l'hôpital de Beyrouth mérite de retenir l'attention. Comparativement à l'hôpital français qui ne dispose que de 60 lits, cet établissement est très remarquable. Il rend les plus éminents services..... Le peuple germanique aime les compensations. On pourra lui en chercher ailleurs.

Malgré le faible développement pris par ses Ecoles, dont les premières datent déjà de 1860, l'Angleterre se trouve la plus directement intéressée à toute modification du *statu quo* actuel. La nécessité de conserver libre le canal de Suez, la proximité de l'Egypte, lui font une obligation de s'opposer à l'occupation française de la Syrie. Cette difficulté pourrait être réglée d'une façon amicale. La France prendrait, par exemple, l'engagement de n'avoir pas de troupes et de fortifications en Syrie, une troupe de police indigène devant seule assurer la sécurité du pays.

Quoi qu'il en soit, il faut bien savoir une fois pour toutes que la situation devient là-bas intenable. Continuellement, les chrétiens sont molestés, moins par les musulmans que par les autorités ottomanes. La sécurité indispensable au développement économique du pays n'existe pas : musulmans et chrétiens se regardent farouchement. Leur animosité, soigneusement entretenue par les pouvoirs publics, est telle que lors du bombardement de Beyrouth, les Libanais, vois. s des quartiers sud de la ville, s'imaginant que le massacre des chrétiens avait commencé, accueillirent par des coups de feu les musulmans ; une bagarre épouvantable s'ensuivit ; en une instant trente tués et de nombreux blessés jonchèrent le sol.

C'est pourquoi, au cas où le démembrement de l'Empire ottoman serait ajourné, il resterait à la France le devoir de faire donner à nos populations les statuts qu'elles réclament. Le pays le plus favorisé de la Syrie est le Liban. A la suite de l'intervention française de 1860, la Sublime Porte, d'accord avec les plus grandes puissances européennes, lui a octroyé un règlement privilégié garantissant son autonomie administrative. Mais tous les pouvoirs étant concentrés entre les mains du gouverneur qui est turc, cette autonomie n'a aucune signification et n'est qu'un leurre. Il en est ainsi pour tout, aussi la France obtiendrait-elle seulement l'autonomie de la Syrie qu'elle mériterait une fois de plus la reconnaissance de nos populations trop longtemps asservies.

Un patriote libanais.

Cet article précise d'admirable manière, à la fois le rôle historique de la France dans ces régions, sa politique toute de désintéressement et de haut devoir civilisateur, et le rôle qui lui reviendrait si l'Empire ottoman d'Asie, sous la pression des puissances qui déclarent vouloir « *faire leur trouée dans le monde* », venait à se disloquer à son tour.

Il est superflu d'ajouter que la France ne désire pas ce nouveau partage : son désintéressement actuel n'est pas discutable.

Au moment où ces pages sont écrites, des informations venues de Constantinople nous apprennent que MAHMOUD CHEVKET

Pacha vient de réunir un conseil extraordinaire dans le but d'établir un plan général de réformes. Ce plan paraît s'être inspiré, pour tant qu'on en puisse encore juger, des méthodes appliquées par le royaume de Siam, et qu'il m'est personnellement arrivé maintes fois de signaler à l'attention de personnalités ottomanes. C'est la méthode des « conseillers étrangers. » On sait quels heureux résultats le Siam a retirés de l'emploi de ces conseillers. Les avantages qu'ils offrent sont principalement ceux-ci : les conseillers étrangers sont à la solde de l'Etat qui les emploie et ils sont en quelque sorte nationalisés, ayant à la fois les plus grandes assurances d'avenir et une grande indépendance ; leur objectif n'est pas de transporter de toutes pièces dans le pays auquel ils consacrent leurs capacités des institutions qui jureraient par trop avec les traditions locales ; ils se contentent de perfectionner les institutions du pays en s'appliquant à organiser un contrôle sévère qui jusque-là faisait défaut ; ils introduisent avec prudence, mesure et tact, les inventions nouvelles et ne recherchent en matière de travaux publics, tout d'abord, que ceux dont le pays ou ses populations peuvent directement profiter. Et c'est assez pour que l'Etat qui les utilise voie rapidement ses finances refleurir, son commerce et son industrie prospérer, la paix régner à l'abri d'une armée rendue consistante et forte qui le défend des convoitises étrangères.

Si vraiment la Turquie adopte ce système déjà éprouvé ailleurs, on peut croire que l'espoir de vivre en se régénérant ne lui est pas défendu.

Au sujet de l'Allemagne

Tandis que la France poussait, même au delà des limites raisonnables, son attitude de désintéressement en Orient, allant jusqu'à souffrir, pour la satisfaction des rancunes de sa politique religieuse intérieure, de voir diminuer la nature et l'importance de ses intérêts et de son rôle séculaire, l'Allemagne posait les bases solides de ses revendications prochaines et les développait avec une méthode qui ne connaît pas la discontinuité.

L'attention de nos lecteurs a souvent été appelée dans ces pages sur la politique islamophile de l'empereur Guillaume II : voyage en Turquie, voyage aux Lieux saints, entreprises de chemins de fer, installation de colonies agricoles, envoi d'innombrables voyageurs de commerce chargés en même temps de missions politiques... tout cela, exécuté derrière une façade de protection générale de l'Islam, a eu pour objectif de créer à l'Allemagne des droits à *l'héritage de l'homme malade.*

C'est ainsi que « la *Post* du 17 novembre 1912 déclarait catégoriquement que *l'Allemagne considérait la Syrie comme une de ses parts dans la liquidation éventuelle de l'Empire ottoman, et que si la France la convoitait, elle devrait la conquérir par les armes.* »

Cette déclaration, émanant d'un journal dont on connaît, depuis les révélations de Liebneck, l'action sur les ambitions allemandes correspond aux plans du pangermanisme en Orient et à la formule récente employée pour obtenir le vote de la loi militaire par le Reichstag : *l'Allemagne veut faire sa trouée dans le monde.*

Où donc la faire, cette trouée ? Le Maroc lui a bel et bien échappé par la volonté de la France. L'Italie s'est jetée sur la Tripolitaine au moment précis où l'Allemagne allait prononcer son *noli tangere.* La Crète, un ⋅ ment ambitionnée, reste à la Grèce victorieuse. Mais la C. ⋅ ne devait être qu'un point d'appui vers un objectif continental : Anatolie-Syrie.

La place me manque pour établir ne fût-ce qu'un schéma précis et documenté de l'action méthodique et tenace de l'Allemagne. On trouvera toutes les précisions voulues dans les ouvrages de René Pinon (1) et de Charles Vellay (2).

Retenons seulement cette indication du *Journal des Débats* du 23 novembre 1912 : *Ignore-t-on que l'Allemagne n'attend qu'une occasion pour débarquer à Alexandrette et engager la question d'Asie ?* Elle répond exactement à la réalité des faits en gestation.

On peut même dire que toute la politique allemande des surarmements, dirigée tantôt vers l'Angleterre, pour ce qui est de la mer, et tantôt vers la France et la Russie, pour ce qui est des armées continentales, n'a pas en réalité d'autre objectif que d'obtenir, par une façon d'intimidation, d'être définitivement acceptée à la fois comme héritière de l'Empire ottoman voué à la dislocation, et comme puissance méditerranéenne, l'une poussant l'autre.

Si le champ de bataille forcé se trouve, sur mer comme sur

(1) René Pinon : *L'Empire de la Méditerranée.*
(2) Charles Vellay : *Le Problème méditerranéen*, un volume de 84 pages, chez Berger-Levrault, éditeur, 5, rue des Beaux-Arts, Paris. Prix : 1 fr. 25.

terre en Europe, l'objectif réel n'est pas une lutte dont le résultat s'inscrirait dans une indemnité de guerre et le sort d'une ou de deux provinces. Le député allemand ERZBERGER, un des principaux orateurs du centre catholique et rapporteur du budget de la guerre, a exprimé une opinion identique, dans la forme suivante, qui est parfaitement claire :

> *Une guerre malheureuse aurait pour résultat l'anéantissement de l'Allemagne et non pas seulement la perte de deux provinces. Les Français proclament depuis des mois : Si nous n'avons pas les hommes, nous avons l'argent. » Or, si pour 100 Français il y a 168 Allemands, pour 100 Allemands, il y a 212 Russes !*

Et déjà l'on s'aperçoit que la mobilisation russe était devenue depuis un an beaucoup plus facile et plus rapide, ce qui donne à réfléchir de l'autre côté du Rhin, du point de vue européen proprement dit. Il n'en est pas moins que l'on s'y prépare à une action décisive destinée, dans l'esprit de l'Empereur, à donner à sa politique de vingt-cinq années la consécration du plus grand succès, sans effusion de sang, s'il est possible. C'est le jeu de la « *troude allemande dans le monde* », qui ne peut être poursuivi qu'avec l'appui d'une force armée redoutable et la menace à tout propos renouvelée de déchaîner les horreurs et les ruines d'une guerre générale.

Les faits se lient les uns aux autres. N'ayant pas réussi à intimider l'Angleterre, mais ayant peut-être réussi à la rassurer, en lui faisant entrevoir de nouveaux profits, l'Allemagne essaie de s'imposer à la France et à la Russie en déclanchant par le moyen de sa loi militaire tous les ressorts de l'âme et de la pensée nationale des Allemands vers un objectif mondial que nous savons maintenant établi sur deux bases : le partage de la Turquie d'Asie, et une nouvelle répartition de territoires dans l'Afrique équatoriale. Et c'est une déception pour elle de constater que la France s'est redressée dans un élan de fierté résolue, et que la Russie conserve un calme impressionnant ; comme aussi c'est une autre déception de constater que les plans combinés de l'Allemagne et de l'Autriche dans les Balkans sont contrecarrés ou défaits par des événements successifs et imprévus.

Que faire, en présence de ces insuccès partiels ? Fidèle à sa méthode de persévérance, continuer la politique de force dont elle espère que personne n'osera, par crainte de redoutables responsabilités devant l'Histoire et l'Humanité, lui faire opposition jusqu'au point où la parole n'est plus qu'aux canons, et saisir toutes les occasions de marquer un progrès de plus.

Et c'est ainsi que la question de Scutari lui fournit l'occasion de laisser dans la Méditerranée la division navale créée en novembre 1912, et c'est à partir de ce moment — janvier 1913 — que l'on peut s'attendre, d'un jour à l'autre, et sans le moindre prétexte, à ce que se réalise la donnée précise fournie par les *Débats : « l'Allemagne n'attend qu'une occasion pour débarquer à Alexandrette et engager la question d'Asie ».*

Ainsi, comme nous n'avons cessé, depuis huit ans, de le démontrer à nos lecteurs, la politique islamophile de l'empereur Guillaume n'a été qu'une politique de bluff sentimental mis au service d'une politique très utilitaire d'expansion économique et territoriale. Bien aveugles furent ceux qui, du côté turc, lui ont fait ou lui font encore confiance. Leur réveil connaît déjà la déception ; il connaîtra les amertumes irréparables

Et quant à ceux des Musulmans qui, trompés par les grands gestes de Jérusalem ou de Tanger, ont pu croire à une Allemagne généreuse et protectrice, qu'ils étudient la colonisation allemande en Pologne, en Alsace ou... *chez les Herreros*, ils seront pleinement édifiés sur le sort qui les attendrait si Lohengrin prenait charge de leurs destinées.

⁂

Il est une autre catégorie d'aveugles qu'on trouve parmi les colons politiciens de l'Afrique française du Nord, de qui la leçon des événements qui se déroulent demeure parfaitement incomprise. L'évolution des indigènes leur apparaît tellement lente qu'ils la disent inexistante. Et le besoin de réformes constaté, analysé, précisé par tant d'excellents esprits ne leur paraît pas plus démontré que ne l'était aux yeux d'Abdul Hamid et de ses conseillers le besoin de réformes dans les provinces balkaniques. Politique d'autruche qui cache sa tête sous ses ailes pour, ensuite, déclarer que le danger n'existe plus puisqu'elle ne le voit plus. Habiles à détourner les mots de leur sens le plus évident, à déplacer la position des problèmes les plus simples, nous les voyons s'acharner, par amour-propre d'auteurs, sans doute, à demander le maintien de méthodes et de procédés qui ne cadrent plus avec l'état social de nos populations. Tel, celui qui, dans l'*Echo d'Alger*, signe Nemo, et qui, pour prouver que nos sujets

doivent être pleinement satisfaits, s'évertue à additionner les
salaires annuels versés par les colons aux travailleurs indigènes,
oubliant volontairement d'additionner les journées de travail
fournies en retour aux colons par ces mêmes travailleurs ! C'est
pour eux que nous écrivons ces pages, aussi bien que pour nos
amis musulmans. Puissions-nous être utiles aux uns et aux
autres.

Il ne me reste plus qu'à tenter prochainement de dégager
quelques-uns des enseignements que les Affaires de Turquie
nous ont si libéralement fournis pour notre édification coloniale.

28 avril 1913.

La leçon coloniale des Balkans

La leçon est double. Elle nous vient de la Turquie, elle nous
est donnée par les Etats balkaniques.

La Turquie meurt de n'avoir pas réalisé les réformes que
nécessitait son état politique et social et qui étaient inscrites
dans un acte international. Voilà le fait brutal. Et si l'historien
peut à son aise rechercher quelle part de responsabilité dans la
catastrophe revient à la Turquie elle-même, aux grandes puissances et plus spécialement à certaines d'entre elles : Russie,
Angleterre et Allemagne, et, enfin aux petites puissances balkaniques, l'homme politique ou de gouvernement qui s'attache à
déterminer les conditions d'un avenir meilleur dans un pays où
des problèmes analogues se posent se doit à lui-même et doit à
son pays de profiter des enseignements du fait historique par
quoi les causes de la chute d'un grand Empire se trouvent violemment soulignées. Notre rôle se borne à dégager les causes
essentielles et à tirer des comparaisons faites des conclusions
pratiques.

La Turquie n'a pas su se réformer, ou elle en a été empêchée ; il faudrait dire : *et elle en a été empêchée.*

I. — Les réformes en Turquie

Pendant le cours du xix° siècle, la Turquie a d'abord voulu
se réformer elle-même ; elle y a été ensuite expressément invitée
à la suite d'événements de guerre. Elle a eu des sultans qui con-

cevaient la double nécessité de distinguer le spirituel du tem-
porel et de placer toutes les races de l'Empire sur un pied d'égalité politique. On connaît la pensée politique du sultan Mahmoud
(1808-1839), formulée par lui-même :

*Je ne veux reconnaître désormais les Musulmans
qu'à la Mosquée, les Chrétiens qu'à l'Eglise, les Juifs
qu'à la Synagogue. Je veux que, hors de ces lieux où
tous rendent également hommage à la Divinité, ils jouis-
sent des mêmes droits politiques et de ma protection
paternelle.*

Le *Tanzimat-Khaïrié*, ou *la réforme salutaire* exprimée dans
le *hatti-chérif* de Gulhané, 3 novembre 1839, donnait aux réformes
projetées les bases suivantes :

*Garantie à tous les sujets du Sultan, sans exception, d'une pleine
sécurité pour leur vie, leur honneur et leurs biens ;*
Mode régulier de répartition et de perception des impôts ;
Même régularité dans la levée des soldats ;
*Nécessité de renoncer au système d'affermer la perception des
impôts ;*
*Application des privilèges à tous les sujets du Sultan, sans dis-
tinction de religion.*

Ainsi donc, dès la première moitié du siècle dernier, la
Turquie essayait par ses propres forces de se régénérer. La
volonté d'un Sultan, isolé dans sa capitale religieuse de tout le
reste d'un Empire où, les communications étant lentes et difficiles, ses ordres avaient tout le temps d'être dénaturés d'abord,
mal appliqués ensuite, n'y pouvait suffire. Les forces de réaction
purement religieuses, nées du Coran, et rendues plus agissantes
par une ignorance totale des autres sciences, devaient faire
obstacle partout à l'application de ces réformes. La conception
théocratique du pouvoir et l'habitude héréditaire de formes et de
procédés séculaires d'administration locale triomphaient vite des
meilleures intentions.

Les puissances auraient pu y aider. Des motifs variés dic-
taient leur abstention. La France était attelée à sa lutte contre
les anciens Etats barbaresques, qui allait la conduire à la conquête de toute l'Algérie ; l'Angleterre réfléchissait, de toute la
profondeur de son âme calculatrice, au danger que lui avaient fait
courir les plans gigantesques de Napoléon Ier et aux possibilités

qu'elle aurait de les réaliser pour son compte et par une politique de longue haleine ; la Russie, gardant toujours les yeux fixés sur Constantinople, n'apercevait pas les moyens pratiques de réaliser le rêve de PIERRE LE GRAND.

Il faut dire aussi que l'expédition de Syrie, suivie de l'évacuation de ce pays par l'armée française, obligeait les trois puissances, quels que fussent leurs projets d'avenir, à témoigner d'un désintéressement qui pouvait n'être, pour l'Angleterre et la Russie, qu'en façade, tandis que la position occupée par la France de puissance protectrice des Chrétiens d'Orient et sa politique traditionnelle d'amitié avec le Turc rendaient son désintéressement plus sincère et plus réel.

On trouve la trace de cette politique de désintéressement... forcé dans le memorandum russe de 1867 :

« Le problème que les grandes puissances sont appelées à résoudre dans l'intérêt de l'équilibre général, dans l'intérêt des diverses nationalités en Orient, et dans l'intérêt des Turcs eux-mêmes, peut être contenu dans l'énoncé suivant :

« *Créer un ordre de choses social, politique et administratif adéquat aux aspirations mutuelles des chrétiens et des musulmans dans l'empire ottoman ; organiser leur existence parallèle, de manière à ne pas les sacrifier les uns aux autres ; assurer leur sécurité et la possibilité d'un développement ultérieur, sous l'autorité du Sultan, qui leur sera commune.* »

Ce pouvait être, en germe, la création d'une véritable nationalité ottomane, telle qu'on a pu croire, en maintes circonstances de l'histoire de la Turquie, qu'elle existait. Il ne manque pas d'Etats qui ont eu à résoudre la difficulté de faire vivre sous un même drapeau et une même loi les adeptes de religions différentes. Mais ils n'y sont parvenus, tout respect étant assuré à chaque religion et l'une d'elles pouvant demeurer religion d'Etat, que par la laïcisation de l'administration générale et l'égalité de tous devant l'impôt et devant la loi.

Survient la guerre russo-turque. La situation internationale de la Turquie s'aggrave de ce qu'une autre grande Puissance est née, avec laquelle il faudra compter. Sans doute, un Sultan habile aux intrigues diplomatiques pourra trouver là, plus ou moins longtemps, des éléments de résistance pure en jouant, de façon plus serrée, le jeu des oppositions d'intérêts et du recours successif à l'une contre les autres. Mais ce jeu s'usera de lui-même, et toute l'intelligence, toute l'habileté, toute la force même dépensées pour le mener seraient mieux employées à poursuivre une politique intérieure de réorganisation et de réformes,

Le traité de Berlin, du 13 juillet 1878, marque le point de départ des événements qui viennent de se passer. L'article 23 spécifie :

« La Sublime-Porte s'engage à appliquer scrupuleusement dans l'île de Crète le Règl. organ. de 1868, en y apportant les modifications qui seraient jugées équitables.

« Des règlements analogues, adaptés aux besoins locaux, sauf en ce qui concerne les exemptions d'impôts accordées à la Crète, seront également introduits dans les autres parties de la Turquie d'Europe, pour lesquelles une organisation particulière n'a pas été prévues par le présent traité.

« La Sublime-Porte chargera des commissions spéciales, au sein desquelles l'élément indigène sera largement représenté, d'élaborer les détails de ces nouveaux règlements dans chaque province.

« Les projets d'organisation résultant de ces travaux seront soumis à l'examen de la Sublime-Porte, qui, avant de promulguer les actes destinés à les mettre en vigueur, prendra l'avis de la Commission européenne instituée pour la Roumélie orientale ».

En vertu de cet article, la Commission européenne et le Gouvernement ottoman élaborèrent chacun un *Projet de loi dit des vilayets de la Turquie d'Europe*, dont la fusion devait fournir à la Sublime-Porte le cadre définitif de son action intérieure dans les ordres politique, administratif, judiciaire et fiscal.

Là encore, la Turquie pouvait trouver l'instrument précieux de sa régénérescence, et l'on peut croire que si, de 1880 à 1905 — soit dans une période d'un quart de siècle — toute l'activité et toute l'énergie de son gouvernement se fussent appliquées à la poursuite de cet objectif, elle fût devenue une plus grande puissance et son alliance eût été recherchée parce que facteur d'équilibre international.

Il m'a paru qu'il serait éminemment instructif, à l'heure où nous sommes, de remettre en lumière et d'analyser, en ses parties essentielles, le projet de la Commission européenne. Les parties soulignées en italiques suggèreront à nos lecteurs d'utiles réflexions.

Loi des Vilayets de la Turquie d'Europe

ÉLABORÉE PAR LA COMMISSION EUROPÉENNE

Titre Ier : (art. 1 à 26). — DROITS GÉNÉRAUX DES HABITANTS.

Ce titre comportait :

L'obligation, pour l'arrestation d'un quelconque, d'un mandat régulier désignant avec précision la personne et le fait — l'inviolabilité du domicile, sauf pour l'exécution d'un mandat en bonne et due forme ou celle d'un jugement régulier ; — la liberté de la presse dans le respect des lois et l'abolition de la censure préalable ; — l'accession de toute personne possédant les qualités requises, sans distinction de race ni de religion, aux fonctions publiques, y compris celles de Vali.

Titre II : (art. 27 à 47). — LES VALIS.

Conditions de leur nomination, durée de leurs fonctions (5 ans), leurs attributions et leurs pouvoirs.

Titre III : (art. 48 à 65). — DE L'ADMINISTRATION CENTRALE DES VILAYETS.

Composition du Conseil d'administration du vilayet, son fonctionnement, ses attributions.

Titre IV : (art. 66 à 100). — DES CONSEILS GÉNÉRAUX DES VILAYETS.

Leur composition : membres de droit, membres élus, membres désignés. Conditions de l'élection. Compétence de ces Conseils.

Art. 82. — *Seront de la compétence du Conseil général, les lois sur : le fonctionnement de l'organisme administratif, judiciaire et financier ; l'assiette, la répartition, la modification des taxes et impôts ; l'instruction publique ; les octrois ; les mines ; le régime des eaux et forêts ; les travaux publics d'intérêt local ; l'agriculture et le commerce locaux ; les institutions de crédit, la bienfaisance et l'assistance publiques ; les prisons ; le cadastre et le régime des hypothèques et des expropriations pour cause d'utilité publique ; la gendarmerie et la police ; la chasse, etc.....*

Titre V : (art. 101 à 104). — DES SUBDIVISIONS DES VILAYETS ET DE LEUR ADMINISTRATION.

Titre VI : (art. 105 à 131). — DE L'ADMINISTRATION DES SANDJAKS.

Titre VII : (art. 132 à 140). — DE L'ADMINISTRATION DES CAZAS.

Titre VIII : (art. 141 à 145). — DES CONSEILS DE COMMUNAUTÉ.

Titre IX : (art. 146 à 153). — DES CERCLES MUNICIPAUX.

Titre X : (art. 154 à 168). — DE L'ADMINISTRATION DES NAHIÉS.

Etablissement dans chaque nahié d'un Mudir (maire), qui doit être de la religion de la majorité ; détermination des fonctions et des attributions du Mudir et de son indépendance du *mutessarif*, ainsi que du Conseil de nahié (Conseil municipal).

Titre XI : (art. 169 à 178). — DES QUARTIERS ET DES VILLAGES.

Titre XII : (art. 179 à 214). — DES ÉLECTIONS.

Tout sujet ottoman, âgé de plus de 21 ans, jouissant des droits civils et politiques, n'ayant été condamné pour aucun crime, payant annuellement la dîme ou tout autre impôt, ou possédant un immeuble, ou fils de père ou mère en possédant un, ou bien chef d'un établissement de commerce ou d'industrie, est électeur. (art. 179.)

Des garanties étaient accordées à l'exercice du droit électoral. Les conditions d'éligibilité aux Conseils de Nahiés, aux Conseils d'administration des formations administratives, étaient les suivantes : tout sujet ottoman, âgé de plus de 21 ans, domicilié et possédant des immeubles, est éligible, s'il paie annuellement au gouvernement au moins 50 piastres en impôts, quand il s'agit des Conseils de Nahiés, et au moins 150 piastres pour les autres Conseils.

Titre XIII : (art. 215 à 263). — DES TRIBUNAUX.

Un tribunal de justice de paix dans chaque nahié ; un juge nommé par le vali, payé 12.000 piastres par an (environ 2.736 fr.).

Un tribunal par sandjak, le président nommé par iradé impérial, les deux assesseurs, l'un musulman, l'autre non musulman. Un procureur et deux juges d'instruction, nommés par iradés, attachés à chaque tribunal de sandjak. Une Cour d'appel au chef-lieu du vilayet, composée de : un président, deux conseillers et deux assesseurs, ces deux derniers, l'un musulman, l'autre non musulman. Les présidents des tribunaux et les conseillers de Cour d'appel inamovibles. (Le contre-projet turc prévoyait l'inamovibilité de tous les juges.)

Titre XIV : (art. 264 à 274. — DE L'INSTRUCTION PUBLIQUE.

Le projet turc et le projet de la Commission européenne se rencontraient sur les art. 264, 265, 266, 267, 269 et 274, visant la surveillance et l'administration des écoles, l'attribution des subventions, l'emploi des revenus des vacoufs, la création d'une Université, l'obligation scolaire, l'emploi des langues.

Titre XV : (art. 275 à 285). — DES CULTES.

Liberté absolue des cultes.

Titre XVI : (art. 287 à 304). — DES FONCTIONNAIRES.

Emploi des étrangers dans l'administration, jugement des fonctionnaires, procédure des enquêtes sur plaintes contre les valis.

Titre XVII : (art. 305 à 326). — DE LA GENDARMERIE ET DE LA POLICE.

Organisation du service de sûreté publique dans les villes, les villages et les campagnes par la gendarmerie, et par les agents de la police urbaine et de la police rurale. Recrutement de la gendarmerie parmi tous les habitants en état de servir et sans distinction de race ni de religion, la proportion étant gardée entre musulmans et non musulmans. Les agents de la police urbaine et rurale étant recrutés par les autorités locales, payés et entretenus sur la caisse des municipalités et des communes.

Titre spécial : (art. 327). — Toute disposition de loi contraire à celle de la présente loi est abolie.

Il y avait donc dans ces projets d'excellentes choses : décentralisation, organisation des services publics, régularisation des mandats, établissement de l'égalité fiscale, administrative et politique. On sait la suite de l'histoire :

Le décret impérial relatif aux réformes du 22 avril 1896, consécutif aux massacres d'Arménie, et son inapplication générale ;

La guerre turco-grecque ;

L'action du Comité pour l'autonomie de la Macédoine et de l'Albanie — mai 1902 ;

Le congrès macédonien de Sofia — juillet 1902 ;

Le nouveau décret impérial pour les réformes — novembre 1902 — et sa toujours non-application ;

Le memorandum de l'Autriche et de la Russie en faveur des réformes dans les vilayets de Salonique, Kossovo et Monastir — février 1903 ;

La note du gouvernement bulgare à ses agents diplomatiques — juillet 1903 ;

Le memorandum de la Bulgarie d'août 1903 ;

L'action diplomatique intense des puissances et des Etats balkaniques qui s'ensuit ;

Et la révolution de 1908, faite pacifiquement par des hommes instruits de la science politique des grandes nations, mais qui seront à leur tour débordés et quelquefois repris par les forces de réaction théocratique, par quoi ils seront conduits à se transformer en politiciens intéressés, et qui, en tout cas, seront noyés dans la tâche immense qu'ils auront à accomplir, tâche rendue plus difficile encore par la complexité des intérêts en concurrence des diverses puissances.

II. — Impossibilité des Réformes

L'Histoire dira sans doute que les réformes en Turquie ont rencontré des difficultés absolument insurmontables. Nous en avons dit quelques-unes. En voici d'autres :

La Russie, pour sauvegarder dans l'avenir l'exécution de ses plans, n'a jamais insisté sur l'application de l'article 23 du traité de Berlin qu'elle avait plutôt subi.

L'Angleterre a fait longtemps obstacle à tous les desseins de Saint-Pétersbourg. (On connaît l'image de la lutte de l'éléphant et de la baleine).

La France, engoncée dans la bataille furieuse des partis sur le terrain religieux, engagée en outre dans une œuvre de grande expansion coloniale sous d'autres cieux, a de plus en plus négligé son rôle, et, par suite, ses propres intérêts en Orient.

L'Allemagne, apercevant la possibilité de prendre une part de l'héritage impatiemment attendu par d'autres, a commencé ce double jeu que nous avons souvent décrit dans ces pages et qui aura été plus funeste à la Turquie que les ambitions territoriales affichées par la Russie ou par l'Angleterre, lesquelles, du moins, se neutralisaient. Lohengrin s'est fait Tartufe pour cette circonstance.

D'un autre côté, la Turquie n'était guère encouragée à la politique des autonomies, celle qu'elle avait reconnue à la Roumélie s'étant tôt muée en annexion.

Par ailleurs, les populations raïas de la Turquie aspirant toujours plus à jouer un rôle, le gouvernement ottoman a cru de son intérêt de serrer toujours davantage les liens entre elles et lui, centralisant à outrance sans en avoir les moyens pratiques qui sont les télégraphes, les voies ferrées et une bonne administration. Incapable de forger la nationalité ottomane, il s'en est tenu à l'idée théocratique de « peuple musulman », idée battue en brèche par l'élan des aspirations politiques et la force des besoins économiques des peuples maintenus en perpétuelle infériorité.

Certes, la Révolution de 1908 avait donné de grands espoirs aux amis de la Turquie. Nous en avons témoigné dans ces pages. Et les conseils n'ont point manqué à ceux dont l'habileté et l'énergie venaient de faire merveille : spécialistes étrangers qui collaboraient à l'administration ottomane, écrivains désintéressés, et même un Grec de talent, M. Georgiadès :

Or, *disait* M. Georgiadès *en 1909*, la Turquie, si l'on est avisé de part et d'autre, peut trouver dans son caractère composite une source de grandeur. Pour le développement intérieur d'une telle formation politique, les Grecs et les Turcs représentent incontestablement deux forces complémentaires l'une de l'autre. Ils ont donc besoin les uns des autres.

Que les Jeunes-Turcs aient enfin l'intelligence de supprimer franchement et une fois pour toutes les causes qui rendent les chréliens méfiants à leur égard, et ils peuvent être assurés que ces derniers se trouveront très bien chez eux, sous un régime constitutionnel, pourvu que ce soit un régime réellement paternel, d'équité, de justice, d'égalité et de liberté......

Bref, le principe de l'union et de la coopération loyale et sans arrière-pensée des Turcs avec les chrétiens une fois admis et adopté définitivement, comme base fondamentale de l'organisation et de l'application du régime représentatif en Turquie dans son meilleur esprit, d'après lequel il ne devra plus y avoir de maîtres et de raïas, le reste du programme général libéral à élaborer ne pourrait plus présenter de difficultés insurmontables.

Ce n'étaient pas là des paroles d'ennemi ; c'étaient des conseils d'allié possible. « *L'Alliance balkanique*, disait récemment le *Temps*, *fut un paradoxe.* »

Mais le poids était bien lourd de l'héritage politique laissé par Abd-ul-Hamid, le sultan rouge :

La situation financière que l'ancien régime avait léguée à la Jeune-Turquie était désastreuse. Les impôts étaient injustement répartis. Les riches ne payaient pas plus que les pauvres. Le désordre et l'anarchie régnaient partout. Les fonctionnaires n'étaient pas payés. Souvent, l'armée recourait à la révolte pour se faire distribuer un mois de solde. La corruption était générale, le contrôle inconnu......

La perception des (de ces) impôts donnait lieu à la plus épouvantable des misères. Les malheureux paysans, qui ne pouvaient payer des impôts écrasants, voyaient, pour quelques piastres, saisir leur cheval ou leur vache, leurs seul gagne-pain... Les dîmiers, violant les lois, percevaient parfois le double de l'impôt affermé... Ils exerçaient des violences sur les contribuables, les emprisonnaient, et, le plus souvent, avec l'appui et la complicité de la gendarmerie (1).

Plus lourd peut-être encore était le poids des hérédités séculaires sur l'âme et sur l'intelligence du Turc.

Dans une lettre adressée au Sultan, le prince Sabah eddine, écrivait :

« C'est une vérité bien dure à avouer, mais dont il faut nous convaincre : ce n'est point l'Italie, ce ne sont point les puissances balkaniques, ce n'est point une Europe hostile, qui nous abat, c'est nous qui nous tuons nous-mêmes... Si la néfaste politique de centralisation à outrance nous mène au bord de l'abîme, le salut ne viendra que par l'application d'une saine et large décentralisation. »

____

(1) *La Jeune-Turquie et la Révolution*, par A. Sarrou, commandant dans la gendarmerie ottomane, Paris, 1909. — 1 vol. chez Berger-Levrault. 3 fr. 50.

Encore une fois, il était trop tard. Le Turc, pendant des siècles, n'a fait que camper au milieu des peuples soumis. « Ses troupes, dit un publiciste libanais, ne se mêlèrent aux populations conquises ni ne leur permirent de se mêler à elles, s'isolant dans leurs traditions, leur sang et leur langue, comme derrière une barrière infranchissable et posant dès lors en problème insoluble cette question de race qui resta vivace, arrêta tout contact possible, alluma des haines inextinguibles, et fit que l'élément conquis garda sous la chaîne un frémissement non déguisé de révolte. »

On est donc amené à se demander si le Turc ne portait pas en lui-même les plus fortes raisons de sa future défaite totale et si sa conception spéciale de la conquête, du gouvernement et de l'administration des peuples convient même à d'autres peuples musulmans, tel le peuple arabe, dont l'importance en Asie Mineure égale ou même dépasse la sienne.

On sait quelle brillante civilisation les Arabes firent fleurir jadis en Espagne et dans les royaumes méditerranéens.

Au Congrès de l'Afrique du Nord de 1908, M. RENÉ MILLET en fit un tableau saisissant, auquel nos lecteurs peuvent se reporter. Par comparaison et pour apprécier l'œuvre humaine du Turc, il suffira de citer ce passage de DE CONTENSON, qui la résume excellemment en quelques phrases :

Malgré les 400 ans qui se sont écoulés depuis la conquête turque, c'est encore aux Assyriens, aux Romains, aux Byzantins, aux Arabes et aux Croisés qu'il faut faire honneur des rares débris d'art et de civilisation que l'on rencontre en Orient. Ni travaux, ni monuments pour célébrer la grandeur du moderne conquérant. Au contraire, des ruines abandonnées, des sources taries, des citernes vides, des voies qui se transforment en mauvais sentiers, des peuples qui retournent peu à peu à l'état nomade sous la menace du fisc et du service militaire, des tentes en poil de chèvre avec leur population bédouine couverte de haillons, des troupeaux de chameaux et de moutons sur des terres autrefois cultivées. Voilà le spectacle qu'offre l'Orient.

Et pour compléter cette donnée, citons une fois de plus un passage significatif de l'ouvrage de VICTOR BÉRARD : *le Sultan, l'Islam et les Puissances*, et relatif à la Turquie d'Asie :

Il faudrait, en vérité, considérer cet empire comme res nullius: il est désert ; les 50 millions d'hectares de l'Asie Mineure n'ont pas 20 habitants au kilomètre carré ; les 63 millions d'hectares de la

*Syrie et des Fleuves n'ont en pas 7 ; les déserts de l'Arabie et leurs
44 millions d'hectares n'en ont pas 2.*

*Paradoxe, que sans peine expliquent les fantaisies de l'admi-
nistration ottomane : les pentes et gorges du Taurus, avec leurs
2 millions ½ d'habitants et leurs 20 millions d'hectares avaient, avant
les massacres arméniens, et ont encore, malgré ces massacres, une
population plus dense que les plaines, les admirables plaines d'Antioche, de Ninive et de Babylone !*

*Dans l'ensemble, cette Turquie d'Asie, (en ne mesurant toujours
que les préfectures, les provinces réelles), a quelque 180 millions
d'hectares. Au taux de la Sicile, ces bonnes terres devraient nourrir
110 millions d'hommes. Trois fois plus petite que cette Asie ottomane, l'Espagne (50 millions d'hectares), a une population égale
(19 millions d'habitants) ; de part et d'autre, la proportion de terres
montagneuses ou désertiques inutiles est la même, pourtant, l'Espagne, de tous les peuples européens, a la population la moins dense.
Peuplée comme l'Italie, — que des montagnes encombrent également
ment — cette Turquie d'Asie aurait 130 ou 150 millions d'habitants.
Peuplée comme la France, — qui, nulle part, n'a les champs de
Pergame, d'Aïdin, de Tarse, de Rome, de Bosra, de Mossoul, de
Bagdad, elle dépasserait encore 100 millions. Elle n'en a sûrement
pas 20 aujourd'hui.*

On conçoit alors qu'Albert Vandal ait pu dire dans sa
grande conférence, faite au lendemain des massacres d'Arménie :

*Devant cette terrible leçon succédant à tant d'autres, l'Europe
reconnaîtra-t-elle enfin que la réforme générale et volontaire de la
Turquie, agissant sur elle-même et par elle-même, est un leurre, une
impossibilité, une duperie, un trompe-l'œil avec des envers sinistres?*

Il restait cependant un espoir à la Turquie.

*La seule politique à suivre en Turquie, l'expérience est là pour
le conseiller, a dit de Contenson, ne consisterait-elle pas à donner une
autonomie plus ou moins large, selon les circonstances, aux nationalités chrétiennes et musulmanes capables de vivre d'une existence
propre ? On proclamerait en même temps le maintien de la suzeraineté du Sultan. Par cette fiction diplomatique, ingénieuse pour
endormir les appétits des grandes puissances, on arriverait à sauvegarder tant bien que mal l'intégrité de l'empire ottoman.*

Ce conseil était renouvelé de Saint-Marc de Girardin :

*Soutenir l'empire ottoman en ravivant ses parties, raviver ces
parties en les séparant jusqu'à un certain point du centre qui les
vicie, et, si même ce centre vient à mourir, empêcher que ses
parties ne meurent avec lui ; créer des états nouveaux et indigènes,*

au lieu d'encourager les annexions ambitieuses, telle est la seule poli-
tique raisonnable et hardie en Orient ; hardie au profit de la civi-
lisation au lieu de l'être au profit de l'esprit de conquête.

Fédérez vos peuples en les libérant, disions-nous à la Turquie de 1909. Il en était encore temps peut-être. Trois ans après,
ce furent ses peuples qui se confédérèrent contre elle.

La Turquie d'Europe est morte.

La Turquie d'Asie se meurt. Même processus. Par exemple,
chrétiens et musulmans de Syrie sont pleinement d'accord pour
réclamer l'indépendance et une vie nationale propre. Et dans ce
sens, musulmans et chrétiens ont notre appui conscient.

Mais ne cessons de le redire, le sort de cette partie du monde,
l'Asie Mineure, est à la *merci* des ambitions de l'Allemagne, qui
n'arme outrancièrement qu'afin de pouvoir les soutenir. L'on
peut croire que la paix du monde ne sera sauvegardée qu'au prix
d'un partage.

Et ce partage est commencé. Je reste fidèle à l'amitié envers
la Turquie, en regrettant de n'avoir pu la rendre plus efficace, et
je partage l'opinion exprimée dans les *Questions diplomatiques et*
coloniales du 16 mars, à savoir que « l'effondrement de la Turquie
en Asie serait pour la France une calamité terrible » et que
« *la seule politique française doit être conservatrice de la Tur-*
quie. »

III. — Situation des musulmans
dans les Etats balkaniques

Autant il pouvait être intéressant de mettre en lumière les
erreurs de la Turquie, autant il importe de faire ressortir la
sagesse des Etats balkaniques touchant la situation fiscale,
administrative et politique des musulmans dans ces divers pays.
Inutile, pour le moment, de regarder du côté de la Russie ou de
la Grèce. Nous savons que la Douma russe compte un certain
nombre de députés musulmans sans que les destinées de
l'Empire en paraissent ébranlées. Nous savons que le régime
politique de la Crète est sous le contrôle des puissances et que,
au lendemain du jour prochain où cette île sera rattachée à la
Grèce, les musulmans crétois auront leurs représentants au Parlement grec.

Pour ce qui est des musulmans dans une Grèce victorieuse

et agrandie, M. René Puaux, dans le *Temps*, nous fournit d'intéressantes indications. Par exemple, ce passage d'une correspondance datée d'Argyrocastro, le 11 mai :

Les musulmans, qui sont ici nombreux, s'étant groupés dans les villes principales, pour y jouir d'une supériorité qu'ils n'avaient pas dans tout le reste du pays, sont parfaitement calmes et respectueux du nouvel état de choses. La conduite exemplaire des troupes grecques les a remplis de stupéfaction. Ils s'attendaient à un pillage de l'armée victorieuse. Du moment où les affaires marchent, ils n'en demandent pas davantage.

J'ai eu la visite du cadi, du mufti, du maire, d'autres autorités dont je ne sais pas exactement la fonction. Ils m'ont fait l'éloge du commandement et de l'administration grecs, avec qui ils vivent dans la meilleure intelligence. Il n'y a d'ailleurs qu'à voir la familiarité avec laquelle ces Albanais s'entretiennent avec les officiers hellènes, *car tous parlent grec*, pour se rendre compte de la vérité. *La certitude de la justice* a rallié immédiatement les plus intelligents des Albanais d'Argyrocastro... Le petit peuple est indifférent.

Et cet autre passage caractéristique, où M. René Puaux, regrettant de ne pouvoir visiter tous les villages hellènes au nord d'Argyrocastro, parle des manifestations diverses qu'il en a reçues :

Parmi ces télégrammes, l'un des plus typiques est celui de Tepelani, centre important. Il est en effet signé par quatre musulmans, dont le mufti, le maire et deux cheikhs :

Nous apprenons que vous ne pourrez pas visiter notre ville, et nous vous souhaitons donc d'ici la bienvenue dans notre patrie en saluant le représentant du noble peuple français, et en vous priant de bien vouloir faire connaître nos sentiments les plus profonds pour notre mère-patrie, la Grèce, dont aucune intervention armée de ceux qui travaillent pour l'injustice ne pourra nous séparer. Signé : Souahid, *mufti* ; Abdullah, *maire* ; *cheikh* Kalen, *cheikh* Mezouy, Economos, Spilios, Antoine.

Les délégations des villages du nord m'ont tenu le même langage, et cela a été défilé dans la grande salle du Palais de Justice d'Argyrocastro, où j'étais entouré de musulmans en turban et fez rouge.

La situation en Roumanie, Serbie et Bulgarie se trouve mieux précisée par le commencement d'enquête que j'ai cru devoir instituer et qui pourra ultérieurement, pour les besoins de l'œuvre politique que nous nous sommes assignée dans l'Afrique du nord, être poussée plus à fond.

Roumanie.

Après la guerre de 1878, le nouveau territoire de la Dobroudja fut divisé en deux départements : Constantza et Dulcea, dont la population s'élève à 336.000 habitants. Cette population n'était que de 267.000 en 1899. L'augmentation provient principalement de la colonisation roumaine. Le nombre des musulmans dans ces deux départements, les seuls où on les trouve, était en 1899 de 44.000, beaucoup ayant émigré après la guerre. On peut croire qu'il s'établit aujourd'hui à plus de 50.000.

Ces musulmans jouissaient jusqu'ici de tous les droits civils, mais n'avaient que des droits politiques restreints.

Le culte musulman était subventionné, les imams recevaient un traitement régulier, et c'est dire que la liberté du culte était absolue.

Les écoles musulmanes étaient subventionnées et les maîtres payés sur le budget. Des bourses étaient attribuées aux élèves des séminaires musulmans pour leur permettre d'aller terminer leurs études à Constantinople.

Ils étaient représentés dans les conseils municipaux et les conseils régionaux seulement.

En vertu d'une loi toute récente, ils sont devenus électeurs et éligibles au Parlement roumain, mais sans posséder de représentation spéciale.

Astreints au service militaire, ils peuvent devenir officiers, soldats et officiers n'étant pas astreints à porter une autre coiffure que le fez.

Ils sont donc désormais assimilés à tous les sujets du royaume, payant mêmes impôts, ayant mêmes charges, mêmes droits et même représentation.

Serbie.

J'ai reçu de la Légation royale de Serbie la lettre suivante :

Paris, 19 mai 1913

Monsieur le Directeur,

En réponse à votre lettre du 13 de ce mois, j'ai l'honneur de vous informer que les musulmans en Serbie ne subissent aucune législation exceptionnelle, et ils vivent sur un pied d'égalité avec tous les autres sujets du royaume, ayant les mêmes droits et les mêmes obligations.

Veuillez agréer, Monsieur, les assurances de ma considération toute distinguée.

Le chargé d'affaires,

Signé : *St-K. PAVLOWITCH.*

Ce document n'a pas besoin de commentaires.

Bulgarie.

La Bulgarie, avant la guerre, comprenait dans sa population une certaine proportion de musulmans. Elle en acquiert un plus grand nombre. Voici les déclarations que j'ai obtenues à une source pleinement autorisée, touchant les uns et les autres.

a) *Avant la guerre.*

La population musulmane de Bulgarie avant la guerre s'élevait à environ 300.000. Ils jouissaient, ils continueront à jouir d'une parfaite égalité fiscale, administrative et politique.

Au point de vue fiscal, ils paient mêmes impôts, sans impôts spéciaux.

Au point de vue administratif, ils accèdent à toutes les fonctions : un haut fonctionnaire de la maison du Roi est musulman. Le culte musulman, les écoles musulmanes sont subventionnés; les imams et les instituteurs musulmans sont payés sur le budget.

Dans l'armée, ils accèdent aux grades. Il y a dans l'armée bulgare un officier supérieur d'origine turque et de religion musulmane. Les appelés peuvent, s'ils le veulent, se racheter du service militaire, tandis qu'un Bulgare ne le peut pas.

Les musulmans bulgares sont représentés au Sobranié par neuf députés. Ces députés ont voté la guerre contre la Turquie.

b) *Après la guerre.*

Qu'adviendra-t-il après la guerre, la paix une fois conclue et les nouvelles frontières définitivement établies ?

On a annoncé l'émigration à Stamboul et à Brousse d'une partie de l'élite musulmane qui habitait les territoires conquis. On en évalue le nombre à quelques centaines seulement. On compte que l'ensemble de la population de religion islamique restera là où elle se trouve dans la nouvelle Bulgarie.

On a tout fait pour obtenir ce résultat. Pendant la guerre, toutes les réquisitions adressées à la population locale ont été régulièrement et immédiatement payées. Enfin, les prisonniers turcs reçoivent une allocation journalière de 1 franc, l'allocation versée aux officiers est de 6 à 14 francs.

Les Turcs que le sort de la guerre aura fait sujets bulgares seront-ils immédiatement placés sur un pied d'égalité absolue ? La question n'a pas encore été étudiée de près à Sofia. Il est possible qu'une loi intervienne qui leur impose ce qu'on pourrait appeler « un stage de loyalisme » ou bien des conditions spéciales et progressives d'accession aux droits de tous les « nationaux ». En tous cas, il ne sera touché à leur statut ni directement, ni indirectement.

Ainsi donc, les Etats balkaniques paraissent avoir fort bien compris la nécessité pour eux d'instituer chez eux l'état de choses dont l'absence en Turquie servait de base à leurs incessantes réclamations. Chacun de ces Etats y emploie la manière qui lui est propre ou qui rentre le mieux dans les conceptions locales. Mais tous tendent, en réalité, à englober dans la nationalité qu'ils veulent agrandir et perpétuer les éléments ethniques qui leur sont apportés par la guerre ou par les tractations diplomatiques. La différence de religion ne leur paraît pas suffisante à légitimer un régime perpétuel d'inégalité et d'exception. La religion d'Etat restera dans chacun d'eux celle de la majorité, mais le respect étant garanti et assuré à la religion musulmane, on espère que la fusion se fera par l'égalité des charges, celles-ci trouvant leur compensation légitime dans l'égalité des droits.

IV. — Les réformes en Algérie

On a déjà nettement aperçu où j'en voulais venir, à cette double constatation :

Toute proportion étant gardée, le besoin de réformes se fait sentir en Algérie comme il se faisait sentir en Turquie et notre administration algérienne, comme le gouvernement hamidien, s'obstine — elle ne les nie plus de façon aussi absolue — à en reculer l'échéance.

Nous trouvons à l'étranger la preuve manifeste que l'octroi à une population musulmane de l'égalité des droits contre l'égalité des charges n'est ni une cause d'embarras ni un danger politique.

Ceux qui prétendent à demeurer sourds et aveugles ne manqueront pas de nous répliquer : les choses peuvent être ainsi dans les Balkans, parce que les musulmans y sont à l'état de minorité, tandis qu'en Algérie, les musulmans sont en majorité

— ce qui les conduit à affirmer que la transplantation dans le nord de l'Afrique, de l'égalité des charges et des droits ne manquerait pas de menacer la domination française.

A quoi nous pouvons répondre que l'Algérie ayant les mêmes institutions politiques que les autres départements français, la question veut être posée et examinée non plus du point de vue exclusivement local algérien, mais du point de vue français métropolitain. On ne niera pas sans doute que, par rapport à la population française de la France et de l'Algérie réunies, la population indigène musulmane ne représente une minorité. Et, de ce point de vue, on n'aperçoit pas que l'octroi à nos sujets de réformes, que 80 ans d'occupation et l'évolution de la population rendent tous les jours plus nécessaires, puisse menacer la domination française. Si le principe de ces réformes était nettement admis, il ne resterait plus qu'à étudier des questions d'application locale où il serait tenu compte à la fois de la supériorité numérique de la population musulmane, de l'inégalité de son évolution et de la nécessité de maintenir dans le fonctionnement des institutions politiques, le principe d'une juste proportionnalité par rapport à celui de la supériorité des « nationaux » sur les « sujets ».

On a voulu en nier successivement l'utilité, la nécessité, la possibilité. On nous a fait toutes les objections qui ne touchaient pas au fond même de la question.

S'agissait-il de l'indigénat ? On nous disait : vous ne pouvez pas *désarmer l'Administration ;* il faut attendre que la population musulmane soit devenue plus instruite. Et aussitôt, comme pour retarder le moment où elle serait assez instruite pour recevoir des libertés, on prononçait en matière d'enseignement un singulier « retour en arrière » sur les méthodes bienfaisantes de Jeanmaire, l'homme de bien et de progrès dont les indigènes, avec la participation de nombreux Français, vont honorer publiquement la mémoire.

Alors, nous avons précisé : bien, mais qu'entendez-vous faire pour la partie de cette population qui a acquis la pleine instruction française ? Il a bien fallu reconnaître qu'on la devait libérer de ce régime d'exception. Encore ne le fait-on qu'à contre-cœur et incomplètement.

Aujourd'hui, pour l'ensemble de la population, nous sommes en droit de dire au Gouvernement général : il y avait en Turquie une sorte d'indigénat qui pesait sur les populations *raïas*. Comment la Commission européenne des réformes envisageait-elle la solution de cette question ? Par l'institution de la gendarmerie, d'une police urbaine et rurale, et par l'institution d'une justice régulière. Eh bien ! l'Algérie, dont personne ne songe à discuter l'état de sécurité et de prospérité, ne peut faire moins que d'appliquer ces sages formules. Elle a la certitude et les moyens de les appliquer au mieux, et sans qu'aucune difficulté en puisse découler.

S'agissait-il des impôts ? Notre grand confrère le *Temps* entreprenait victorieusement la démonstration qu'après 80 ans d'occupation, de véritables impôts de guerre pesaient encore sur la population musulmane et, qu'en tous cas, les colons enrichis y jouissaient d'un privilège véritablement excessif, n'étant pas astreints à l'impôt foncier.

Cela va changer ; le *Temps* le souligne ainsi, qui examine les trois questions importantes que le discours de M. Lutaud soumet aux délégations financières :

La première est celle d'un emprunt de 300 millions, dont la colonie va demander l'autorisation au Parlement. La prospérité économique est très grande depuis quelques années ; il est naturel que l'Algérie en profite pour hâter chez elle la création des divers organes indispensables à une société moderne. L'idée de l'emprunt est donc sûre d'être approuvée de tout le monde ; il n'en est pas de même des impôts qui devront le gager. Jusqu'ici la propriété européenne non bâtie était exempte de taxes foncières, tandis que la propriété indigène était grevée lourdement. Cette inégalité va disparaître, mais en partie seulement. La propriété européenne payerait désormais 3,60 % de sa valeur locative, tandis que la propriété indigène continuerait à payer aux environs de 11 %. Pourquoi cette énorme différence, et pourquoi une différence ? Après que nous avons soumis les indigènes au service militaire obligatoire et que nous les appelons ainsi à défendre notre patrie, allons-nous continuer à les traiter en ennemis de cette patrie, en vaincus, exclus du bénéfice de nos lois ? Ce sera évidemment au Parlement à dire le dernier mot sur ce point.

Et, sur la troisième de ces questions, notre éminent confrère ajoutait :

Enfin, les délégations auront à se prononcer sur des réformes indigènes. Des réformes indigènes ? Oui, c'est ce qu'annonce le discours du gouverneur général. La parole du Christ est toujours vraie : « Frappez, et l'on vous ouvrira. » Quelques personnes, parmi lesquelles nous nous honorons d'être, ont entrepris de dénoncer

9

à la métropole, qui l'ignore, la condition malheureuse et alarmante pour notre avenir national qui est faite à nos musulmans d'Algérie. Leur effort — et la campagne du *Temps* en particulier, nous aimons à le croire — n'aura pas été inutile. La garde des forêts, lesquelles rapportent 6 millions au budget, réquisitionne chaque année 4.000 indigènes qui sont obligés de donner leur temps pendant quatre mois pour rien. A un délégué *indigène* qui dans la dernière session réclamait la suppression de cette effroyable charge, le directeur des forêts répondait que *les forêts seraient* assurément mieux surveillées par un personnel fixe et rétribué, mais qu'il était invraisemblable *que les délégations veuillent jamais accorder le crédit de 716.000 francs nécessaire pour le constituer*. Or, ce qui paraissait chimérique l'année dernière est subitement considéré comme parfaitement réalisable cette année. M. LUTAUD va soumettre à l'assemblée algérienne une modification dans les postes-vigie dégrevant « les populations indigènes de cet impôt en nature ». Et avec son humeur combative, il a cru devoir accompagner cette heureuse nouvelle du petit commentaire suivant : « Ces réformes ne nous vaudront vraisemblablement pas les applaudissements de ceux qui souhaitent des réformes sensationnelles. » Nous ne savons ce que le gouverneur général appelle des réformes sensationnelles, mais quelle idée se fait-il de ceux qui demandent tout simplement un régime de justice pour supposer qu'ils ne se réjouiront pas de toute mesure qui diminuera la masse d'iniquités sous laquelle les indigènes gémissent aujourd'hui ?

Ce qui est vrai, c'est qu'à côté de l'égalité fiscale nous ne cesserons pas de demander pour eux une représentation sérieuse et suffisante, car tous les abus dont ils souffrent seraient-ils supprimés d'un coup de baguette qu'on les verrait forcément renaître tant que nous ne leur aurons pas donné le moyen de défendre leurs intérêts.

Il nous faudra vraisemblablement encore quelques années avant d'obtenir l'adhésion pleinement bienveillante de l'administration algérienne à une œuvre générale de réformes progressives. Cette administration possède quelques têtes qui sont parmi les plus obstinées du monde et qui, par certains choix nouveaux de fonctionnaires d'ordre élevé, marquent le souci de perpétuer leur politique même après leur disparition. Ces quelques personnalités sont parvenues à créer dans le pays un état d'esprit plus hostile aujourd'hui aux indigènes qu'il ne le fut jamais. Une administration soucieuse de son rôle, de tout son rôle, et peut-être aussi de son propre intérêt, s'empresserait à saisir les occasions d'améliorer, de perfectionner ses rouages ; sous ce titre : **Une occasion**, le *Temps* fixe quelques précisions nouvelles :

M. Morinaud, ancien député, actuellement maire de Constantine, et délégué financier, publie dans son journal *le Républicain* des chiffres fort intéressants. Il en résulte que le budget de l'Algérie s'est liquidé entre 1900 et 1910 par un excédent annuel de 6 millions, en 1911 par un excédent de 15 millions, et en 1912 par un excédent de 20 millions, soit 95 millions en douze ans.

Ces plus-values proviennent du rendement croissant des impôts sous l'effet de l'admirable développement économique de la colonie. Ce développement est dû en premier lieu à l'initiative et à l'activité des colons. Mais les indigènes y restent-ils étrangers ? *L'Echo d'Alger* vient d'exposer d'une façon très détaillée qu'il leur est payé pour cent millions de salaires par an. Il est vraisemblable qu'ils fournissent un travail équivalent en échange. Ils contribuent donc fortement à la formation de la richesse algérienne. Et en même temps non seulement ils acquittent les mêmes impôts que les Européens, mais ils sont soumis en plus à des impôts exceptionnels et à de lourdes corvées. Il serait donc juste qu'il leur fût fait une part dans l'emploi de ces excédents.

Or, quelle a été cette part jusqu'ici ? de 1900 à 1911, le compte est facile à faire : elle se chiffre par zéro. En sera-t-il de même pour les 20 millions disponibles dont l'apurement des comptes de 1912 vient de révéler l'existence ?

Quelques personnes pensent qu'on devrait profiter de ces énormes bonis qui tombent dans sa caisse pour introduire un peu d'équité en Algérie. Il suffirait pour cela d'en consacrer annuellement la moitié à la suppression progressive des impôts exceptionnels et des corvées, à la constitution d'une administration indigène recevant des traitement suffisants pour qu'on puisse exiger d'elle l'honnêteté, et à l'organisation d'un enseignement sérieux.

L'Algérie s'oriente-t-elle dans cette direction ? Depuis six semaines, le gouverneur général s'est expliqué trois fois au sujet des revendications des indigènes, et à chaque fois se précise son attitude de résistance. Avant-hier, à Mascara, à la demande d'une réforme des tribunaux d'exception, il a répondu : « Impossible. » A la demande de participer à l'élection des maires, il a répondu : « Faites-vous naturaliser » ; ce qui, la naturalisation entraînant l'obligation de renoncer à la façon dont le Coran règle les successions, équivalait à dire à cinq millions de musulmans : « Changez de religion. » (1). En présence de ces dispositions, ce serait attendre un miracle que d'espérer que M. Lutaud puisse avoir l'idée de

---

(1. Les réformes ? Nos lecteurs les connaissent avec surabondance, depuis bientôt huit années que nous les exposons et démontrons, comme le font de leur côté notre grand confrère le *Temps* et M. Ch. Michel, conseiller général de Tébessa.

profiter de ces merveilleuses plus-values pour amorcer une amélioration profonde du sort des indigènes. Et cependant l'occasion, une occasion unique, est là. L'exercice de 1912 a laissé 20 millions d'excédents. Si l'Algérie la laisse passer, les pouvoirs métropolitains ne sauront-ils pas la saisir ?

Ce discours de Mascara cependant n'est pas purement négatif ; il contient à l'égard des indigènes un engagement que nous nous reprocherions de ne pas louer. Il y a six semaines, M. LUTAUD déclarait que pour empêcher les municipalités de faire obstruction à l'enseignement indigène, soit systématiquement, soit par simple incurie, il proposait de leur retirer le pouvoir de décider des constructions d'écoles. Aujourd'hui, changement à vue. Dans le voyage qu'il vient de faire à travers l'Oranie, le gouverneur général assure qu'il n'a plus rencontré que des municipalités pleines d'ardeur pour ouvrir des écoles. Ce serait donc en conformité avec les sentiments des colons qu'il a annoncé : « Nous multiplierons les écoles indigènes. » Pourvu qu'il ne s'agisse pas de développer ce simulacre d'instruction qui prétend faire enseigner l'arabe, le français, les connaissances utiles, les métiers et diverses autres choses encore par des maîtres à six cents francs par an, cette promesse causera une joie sincère chez tous ceux qui s'inquiètent de notre avenir dans l'Afrique du Nord.

A toutes les réformes proposées, de l'ordre administratif, il n'y a pas des impossibilités budgétaires absolues : ce ne sont que des millions à mieux répartir, ou à réserver sur des plus-values certaines. Est-il admissible qu'après 80 ans d'occupation et dans une ère de prospérité matérielle qui fait l'étonnement et l'admiration, de nombreuses catégories de fonctionnaires indigènes reçoivent des *traitements dérisoires*, par quoi ils sont invinciblement poussés à des exactions sur lesquelles si volontiers on ferme les yeux, afin de pouvoir les mettre au passif de la population tout entière ? J'ai cité, ailleurs, dans d'autres pages de cette publication, le cas de ce caïd, ancien officier, père de sept enfants, installé aux appointements de 60 francs par mois. Vraiment, il est des choses honteuses dans l'Administration algérienne !

D'aucuns se déclarent satisfaits, pleinement satisfaits, en goûtant *la confiture* des discours gubernatoriaux. Certes, nous avons maintes fois souligné les tendances bienveillantes et les bonnes intentions contenues jadis dans les discours de M. JONNART. Force nous était ensuite de souligner également la contradiction qu'il y avait entre les paroles et les actes. On ne rencontre chez

M. Lutaud rien de cette bienveillance d'esprit qui valait à son prédécesseur l'affection des indigènes, parce qu'elle leur donnait, malgré tout, à espérer. Voici deux documents qui méritent d'être conservés. Ce sont deux discours prononcés, le premier par M. Benaboura Mocktar, conseiller municipal de Mascara, l'autre par M. Lutaud, en réponse au premier, au cours d'un récent voyage du Gouverneur général.

DISCOURS DE M. BENABOURA

Monsieur le Gouverneur,

Permettez-moi, au nom de la population que je représente, au nom de mes collègues indigènes dont je crois interpréter les sentiments et en mon nom personnel, de vous souhaiter une cordiale bienvenue.

Vous connaissez les sentiments qui animent les indigènes vis-à-vis de la France, ils sont fiers d'appartenir à ce glorieux pays, qu'on appelle avec juste raison le berceau de la civilisation.

Ils sont, je dis bien haut, des patriotes résolus à défendre le drapeau tricolore partout où la France fera appel à leur dévouement.

Dans les moments critiques, où la France, se sentant menacée, répondait fièrement, leurs cœurs ont battu à l'unisson de ceux de tous les Français et se sont sentis animés du même élan patriotique, c'est pourquoi ils ont spontanément accepté sans aucune arrière-pensée, je pourrais dire de gaieté de cœur, la conscription que demandait le gouvernement de la République.

N'ont-ils pas donné, d'ailleurs, et à différentes reprises, des preuves irréfutables de leur attachement à leur patrie adoptive et ne sont-ils pas toujours prêts à lutter pour elle quoiqu'on en dise.

J'affirme sans crainte d'être démenti, que tous sont profondément attachés à la République et à son gouvernement.

Aussi est-ce d'elle et d'elle seule qu'ils attendent le relèvement de leur race.

Je profite de la circonstance qui nous vaut le plaisir de votre visite, pour me permettre, Monsieur le Gouverneur général, de présenter à votre juste appréciation quelques-unes de leurs revendications :

I. — Modification de l'institution des tribunaux répressifs, cour criminelle (loi indigénat) si leur suppression ne peut être envisagée.

II. — Collaboration des conseillers municipaux indigènes à l'élection du maire et des adjoints.

III. — Suppression de la garde de nuit.

IV. — Que nos jeunes conscrits soient appelés à 21 ans au lieu de 18 ans, comme leurs camarades français.

V. — Persévérance dans la création d'écoles indigènes.

VI. — Une égale répartition des impôts.

M. le Maire de la ville de Mascara ayant déjà rappelé ce qu'il a fait pour la population indigène, je le remercie.

Je n'insisterai pas davantage sur ce sujet, je suis sûr d'ailleurs que M. le Maire ne s'arrêtera pas là.

Les indigènes dont je suis le très humble représentant au conseil municipal, savent déjà, Monsieur le Gouverneur général, ce que votre sollicitude a fait pour eux, ils ne l'oublieront pas, soyez-en sûr et ils espèrent que vous voudrez bien favoriser l'aboutissement des projets de la municipalité de Mascara, et prendre en considération les revendications que je vous ai soumises.

En attendant, je puis vous assurer, Monsieur le Gouverneur général, des meilleurs sentiments et du plus grand dévouement des indigènes de notre région à la France, à la Patrie et à la République.

RÉPONSE DE M. LUTAUD

M. BEN HABOURA m'a fait part des sentiments de ses coreligionnaires. Je l'en remercie ; nous sommes en droit de tirer fierté de l'attachement que nous manifestent les populations indigènes. Puis il a formulé les désirs, les revendications — il a prononcé le mot — des musulmans. Il l'a fait avec une netteté, une franchise qui prouve que dans ce pays les indigènes ont aussi la liberté de s'exprimer (1). Je veux lui répondre avec la même franchise, avec la même netteté.

Parmi ces revendications, il en est que nous ne pouvons accepter. Quand vous demandez la diffusion de l'enseignement, nous sommes avec vous ; nous avons sur ce point un programme que nous exécuterons par les voies les plus rapides et vous savez que nous avons eu recours à un moyen nouveau, nous avons proposé au Gouvernement de décharger les communes de ce soin ; l'enseignement deviendra un service colonial et nous multiplierons les écoles indigènes.

Mais il est d'autres revendications auxquelles, dans le souci que j'ai des intérêts supérieurs de la France, je ne puis souscrire encore. Je dis bien haut d'abord que l'on ne saurait considérer les indigènes comme une race inférieure et si nous trouvons parmi eux des hommes attardés, ce n'est pas une raison pour les frapper de déchéance perpétuelle. L'homme sera toujours régénéré par l'éducation.

Le jour où les indigènes auront la même instruction que nous, le jour où ils auront modifié leurs mœurs, le jour où ils se seront affranchis de certains préjugés, ce jour-là, nous pourrons accueillir

---

(1) Contrairement à cette affirmation, M. CH. MICHEL a cité le cas de quatre notables qui, pour avoir fait connaître par télégramme leurs desiderata touchant le service militaire, furent internés — sans jugement, cela va sans dire.

intégralement leurs revendications. Et d'ailleurs, ne leur est-il pas loisible dès maintenant d'accéder aux droits de citoyens français ? A ceux qui sollicitent la naturalisation, n'ouvrons-nous pas largement nos bras ? Nous ne leur demandons que d'accepter nos lois toutes nos lois, et nous les acceptons loyalement .

C'est lorsque les indigènes auront été profondément imprégnés de cette éducation française qu'ils pourront élire les Maires, qui sont une parcelle du Pouvoir central. Pour le moment, cette revendication est prématurée.

Vous avez parlé également des tribunaux répressifs et des cours criminelles. Il vous est encore loisible d'avoir les mêmes juridictions que nous en vous faisant naturaliser. Est-ce que vous ne concevez pas qu'avec l'état d'esprit de la grande majorité des indigènes, avec le dédale de la procédure, avec la séparation des pouvoirs si ardue à comprendre, même pour les paysans français parfois, il serait trop tôt de vous admettre à participer à notre organisme judiciaire ? Et puisque bien souvent les indigènes se sont plaints de la partialité de la juridiction des administrateurs, ne trouvent-ils pas dans les tribunaux répressifs des magistrats dont l'esprit d'équité et de justice est au-dessus de tout soupçon, les juges de paix ?

Voilà ce que j'avais à vous dire et nous pouvons nous entendre. C'est une question de temps, d'évolution, de civilisation. En attendant, un certain nombre de mesures ont été proposées par moi, qui vous satisferont : extension des droits électoraux à certaines catégories d'indigènes qui en sont actuellement privés, augmentation du nombre de conseillers municipaux indigènes, notamment. Ceux qui vont bénéficier de ces réformes méritent notre sollicitude, parce qu'ils ont fait un effort sur eux-mêmes, parce qu'ils se sont assujettis à cette loi du travail dont les colons nous donnent un si bel exemple. Mais il faut savoir suivre patiemment le chemin au bout duquel vous serez confondus avec nous.

Je ne crois pas qu'il soit possible d'imaginer allocution plus sèche et plus hautaine, et qui contienne en même temps de plus violentes contradictions de pensée ; celle-ci, par exemple : nous n'accueillerons les revendications des indigènes que lorsque ceux-ci auront acquis la même instruction que les Français, auront modifié leurs mœurs et se seront affranchis de certains préjugés (lesquels?) — cependant, nous les accepterons s'ils nous demandent la naturalisation ; ce qui revient à dire : à la condition que vous aurez *renoncé* à une partie de votre croyance, nous vous accueillerons sans instruction, avec vos mœurs et vos préjugés. Ceci n'est pas autre chose qu'un marchandage de conscience.

Je ne sais pas très bien ce que M. Lutaud entend par « assimilation ». Mais nous sommes nombreux à repousser celle qu'il propose là !

J'ai relu avec une curiosité aiguisée ce qui a été publié des mémoires d'Abd-ul-Hamid, et où l'ancien Sultan se justifie de n'avoir pas fait les réformes qu'on lui demandait. Parole : il y a entre les deux états d'esprit, celui du sultan et celui du gouverneur général, des analogies frappantes ! La recherche constante des « raisons de ne pas faire » les conduit également au conservatisme absolu, à la négation pure et simple des problèmes posés. Car, vous entendez, bien que si notre gouverneur général accorde certaines réformes, c'est à son corps défendant, pour pouvoir mieux conserver ce qu'il garde, et peut-être espère-t-il, comme faisait le Sultan, reprendre d'une main ce qu'il donne de l'autre, telle l'exemption de l'indigénat, mais non la suppression de l'internement.

Et me vient en même temps sous les yeux ce passage de V. Bérard, sur la *Révolution turque* :

Abd-ul-Médjid, *dès son avènement, promulgue son Hatti-chérif des Tanzimat : « Plein de confiance, conclut ce Hatti impérial, dans le secours du Très-Haut, appuyé sur l'intercession de notre Prophète. Nous jugeons convenable de chercher par des institutions nouvelles à procurer aux provinces le bienfait d'une bonne administration. » Voilà le problème bien posé..... dans cet Empire bariolé de provinces sujettes, privilégiées et tributaires, « le bienfait d'une bonne administration », seul, peut maintenir l'unité, comme seul il peut maintenir quelque résignation des chrétiens au joug de cette théocratie musulmane. Durant plus d'un demi-siècle, c'est la bonne administration des provinces que les Turcs et l'Europe vont poursuivre : au bout de 70 ans (1839-1908), on peut dire que le problème n'a pas reçu la moindre solution.*

Et nous ? depuis 80 ans ! Dans les domaines de la prévoyance et de l'assistance matérielles, on a réalisé d'excellentes choses et c'est ce qu'on nous oppose sans cesse. Mais dans tout le reste de la vie sociale, administrative et politique, on a prononcé maints « retours en arrière » et maintes aggravations qui finissent par exaspérer ceux de nos sujets qui sont capables de comparer et de réfléchir. Est-il étonnant que Gouverneur général et politiciens privilégiés s'attirent de temps à autre de la part de musulmans — à qui il faut du reste un très grand courage pour manifester de la sorte — des leçons comme celle-ci, très précise, très ferme et très digne ? La lettre suivante a été adressée à notre confrère le *Temps* :

Mascara, 11 mai.

Monsieur le rédacteur en chef,

Le gouverneur général de l'Algérie vient de visiter notre ville. A notre conseiller BEN HABOURA, qui lui a exposé le programme des modestes réformes que nous attendons de la générosité de la France pour améliorer notre sort, et qui comporte notamment le droit pour nos conseillers de prendre part à l'élection des maires, ce qui obligerait ceux-ci à ne pas nous oublier totalement, M. LUTAUD a répondu : « Instruisez-vous, et quand vous aurez notre culture et notre mentalité, nous pourrons faire droit à vos réclamations. » Ce discours, monsieur, venant de si haut, nous impose le respect, mais il nous plonge dans un embarras extrême.

Mascara est une commune de 23.000 habitants ; il y a 10.000 Européens dans la ville et 13.000 indigènes, dont plus de 11.000 groupés à un kilomètre et demi, dans le faubourg de Baba-Ali. Nous payons les impôts de notre mieux, et la commune a un budget de 400.000 fr., sur lesquels nous serions reconnaissants qu'on nous fît une part. Il paraît que cela ne sera possible que quand nous serons plus instruits. Mais où nous instruire ? Savez-vous combien il y a d'écoles à Baba-Ali, pour les 11.000 indigènes du faubourg ? Il n'y en a point. Voilà vingt ans que la municipalité se refuse à en ouvrir. Sans doute, M. le Gouverneur général ignorait ce détail.

D'un côté, pas d'école, et, de l'autre, invitation à nous instruire. Comment faire ? Cela dépasse notre esprit. Nous sommes de pauvres gens ; on ne devrait pas nous donner à résoudre des problèmes si difficiles. Mais une chose nous paraît tomber sous le bon sens, c'est que si le maire avait besoin des voix de nos conseillers pour être élu, il y a vingt ans que nous aurions des écoles. La France désire-t-elle réellement nous tirer de notre état ? Qu'elle veuille donc commencer par le commencement ; qu'avant toutes choses, elle nous délivre d'un régime municipal où nous sommes contraints de donner notre argent sans rien recevoir en échange ; car vous pensez bien, monsieur, que, si on nous refuse des écoles, on n'a pas plus d'égards pour nos autres besoins.

Veuillez agréer, etc.

TAHAR BEN DJEMMAD ROULMI.

Intérêts matériels et intérêts moraux vont de pair, et la satisfaction des premiers ne doit pas et ne peut pas remplacer celle des seconds. C'est pourtant à quoi l'on prétend, sous le le prétexte absolument faux que la réalisation des aspirations politiques, qui rentrent dans la catégorie des intérêts moraux;

mettrait en danger la domination française. On a été jusqu'à écrire que si les musulmans pouvaient exercer des droits politiques ils auraient bientôt fait de jeter les Français à la porte. On n'a jamais, du reste, précisé comment, par le seul exercice de leurs droits dans des assemblées où ils ne seraient plus abaissés au rôle d'imperturbables approbateurs, ils réussiraient à obtenir un tel résultat ! Sans doute a-t-on voulu argumenter sur le problème du nombre.

On voudra bien reconnaître que ce problème n'est pas insoluble et que les lois de la simple proportionnelle arithmétique y trouveraient aisément leurs points d'application. Et, poussant jusqu'au bout le raisonnement, je ne vois pas, pour ma part, en quoi et comment la France se trouverait menacée si, un jour prochain, la population musulmane, catégorisée par une application judicieuse des diverses espèces de *cens*, et à qui aurait été reconnue *l'accession aux droits politiques dans son statut*, avait au Parlement ses représentants attitrés, élus par elle. Le jour où il se trouvera en Algérie — ne s'y en trouve-t-il point déjà ? — des hommes, des Français, qui ne seront retenus ni par l'intérêt personnel, ni par la passion politique, ni par le préjugé de race, et qui voudront examiner le problème des réformes algériennes à la fois dans toute leur précision et toute leur ampleur, je suis convaincu que l'accord entre eux et nous sera des plus aisés et qu'il nous sera possible d'harmoniser des idées, des conceptions, des intérêts, des projets qu'on tâche passionnément à opposer jusqu'ici et à rendre de plus en plus inconciliables.

L'entente des particuliers, qui voudront penser dans la sincérité et agir dans le désintéressement, est parfaitement possible.

Mais il restera peut-être toujours que l'administration algérienne refusera, si loin qu'elle puisse pousser son refus, de se sacrifier elle-même. Et peut-être aussi la verrons-nous, pour retarder l'échéance des mesures qui surtout l'amoindriraient à ses propres yeux — c'est le contraire aux nôtres — s'efforcer de brouiller les cartes en dénaturant le sens et la portée de manifestations parfaitement légitimes ou en accentuant ses procédés de pression et d'intimidation.

Fort heureusement, et cela est encore sa condamnation, nous savons que nous pouvons compter sur le loyalisme de nos populations indigènes. Elles en ont donné tant de preuves, et tout ce qui se passe depuis l'institution du recrutement par voie d'appel démontre que notre confiance était bien placée. Or, cette charge nouvelle, la plus lourde — dans tous les pays elle est lourde aux nationaux eux-mêmes — ne peut être imposée d'abord, étendue ensuite, que si on la compense par des avantages de divers ordres et des droits politiques judicieusement et progressivement octroyés.

Heureusement, la France n'est pas la Turquie. Elle n'est pas non plus l'Allemagne, où les lois de violence et d'exception trouvent une floraison nouvelle. En France, les causes justes triomphent toujours à l'heure voulue, à l'heure dite. Or, la cause des musulmans algériens est parmi les plus justes qui soient au monde.

Les réformes algériennes se feront.

Nos contradicteurs les voudraient lentes, extrêmement lentes, et volontiers ils les renverraient à des temps imprécis. Nous acceptons, nous, qu'elles soient progressives, mais aussi successives et dans des cadres bien définis. Et c'est nous qui gagnerons ce long procès, j'en ai l'absolue certitude morale.

Les réformes algériennes se feront, parce qu'elles doivent se faire !

Thouars, Imprimerie Nouvelle